汪曾祺(1920—1997)

汪凌 著

# 汪曾祺画传

中原出版传媒集团
中原传媒股份有限公司

大象出版社
·郑州·

图书在版编目（CIP）数据

汪曾祺画传 / 汪凌著. — 郑州：大象出版社，2017.9（2018.3重印）
ISBN 978-7-5347-9261-8

Ⅰ.①汪… Ⅱ.①汪… Ⅲ.①汪曾祺（1920—1997）—传记—画册 Ⅳ.①K825.6-64

中国版本图书馆CIP数据核字（2017）第110938号

## 汪曾祺画传
WANG ZENGQI HUAZHUAN

汪 凌 著

| 策 划 人 | 李 辉 王刘纯 |
| --- | --- |
| 出 版 人 | 董中山 |
| 责任编辑 | 范 倩 杨 兰 |
| 责任校对 | 毛 路 |
| 封面设计 | 王莉娟 |

出版发行 **大象出版社**（郑州市开元路16号 邮政编码450044）
　　　　　发行科 0371-63863551　总编室 0371-65597936
网　　址 www.daxiang.cn
印　　刷 北京汇林印务有限公司
经　　销 各地新华书店经销
开　　本 890mm×1240mm 1/32
印　　张 6
字　　数 101千字
版　　次 2017年9月第1版 2018年3月第2次印刷
定　　价 30.00元
若发现印、装质量问题，影响阅读，请与承印厂联系调换。
印厂地址 北京市大兴区黄村镇南六环磁各庄立交桥南200米（中轴路东侧）
邮政编码 102600　　　电话 010-61264834

# 目 录

一　老街巷和老屋 …………………………………… 001

二　运河边上少年人 ………………………………… 013

三　耕读一脉传家 …………………………………… 025

四　翩然西南联大时 ………………………………… 039

五　古风俨然先生们 ………………………………… 051

六　京城风和雨 ……………………………………… 063

七　随波逐流样板戏 ………………………………… 079

八　"大器晚成"小说家 ……………………………… 095

九　风雅人写风雅事 ………………………………… 111

十　"酒仙"终归去 …………………………………… 127

名人评述汪曾祺·············································· 141

汪曾祺大事记(1920—1997) ································ 175

〇

＊

# 老街巷和老屋

＊
＊

如今的大淖巷

\*

\*

高邮比我想象的要衰老，然而，这里却是汪曾祺的故乡。

2004年6月下旬，我先到南京，然后沿宁扬高速公路前往高邮。沿途，除了青青田野，还有随处可见的荫荫草木，间杂着高高矮矮的红白丁香树。公路上的隔离带是被修剪成圆柱形的矮松和丁香。靠近城区，修剪的痕迹尚浓；离得远了，花和树便因人工罕至而恣意生长。那时正值高温，空气中蒸腾着炎炎暑气，一丛一丛的丁香花掠过眼前，我却无从寻觅戴望舒诗中幽雅静谧的意境。

1981年，汪曾祺一别故乡四十二年。返乡途中，应该也有丁香花盛开吧。

转眼间，高邮已在眼前了。

高邮隶属扬州，一向以生产咸鸭蛋闻名于外，这让汪曾祺很不以为然。因为此地历史悠久，早在六七千年前，这里就有先民繁衍生息。秦王嬴政筑高台置邮亭，"高邮"之名由此而来；这里还因为"世风崇文"而文化底蕴丰厚，北宋著名词人秦观，清代训诂学家王念孙、王引之父子等均出于此。在20世纪末,则出了一位著名作家——汪曾祺。

和汪曾祺有关的旧物旧事,都在高邮旧城人民路一带。这里依然青石板铺路,沿街有人家,也有店铺。沿街的门面,多漆成黑色的狭长木板,即"铺闼子门"——"一列宽可一尺的厚厚的门板嵌在门框和门槛的槽子里"(《异秉》)。清晨,卸掉木板即是店堂;黄昏,上了门板就表示歇业。风吹雨淋,门板早已褪色,有的剥落了油漆,斑斑驳驳,时间的年轮与沧桑一目了然。当时正值中午时分,里面人家穿着朴素,屋内或屋外的煤球炉上,炒菜锅飘出阵阵香味。说朴素也好,说古意也罢,当地人的悠闲自在却是显而易见的。

我要找大淖巷和芸家巷,一路问,一路径往深处走去……在一个狭窄的巷子口,一块铜牌钉在青石墙上,大淖巷到了,大淖该是在它的尽头。

淖,是一片大水。说是湖泊,似还不够,比一个池塘可要大得多,春夏水盛时,是颇为浩渺的。这是两条水道的河源。淖中央有一条狭长的沙洲。沙洲上长满茅草和芦荻。春初水暖,沙洲上冒出很多紫红色的芦芽和灰绿色的蒌蒿,很快就是一片翠绿了。夏天,茅草、芦荻都吐出雪白的丝穗,在微风中不住点头。秋天,全都枯黄了,就被人割去,加到自己的屋顶上去了。冬天,下雪,这里总比别处先白。

化雪的时候，也比别处化得慢。河水解冻了，发绿了，沙洲上的残雪还亮晶晶地堆积着。（《大淖记事》）

《大淖记事》发表于1981年，是汪曾祺在一年半时间里连续写下的七篇故里小说中的第四篇，获1981年全国优秀短篇小说奖。它描述大淖的"颜色、声音、气味和街里不一样"；大淖的人也不一样，他们的风俗、是非标准、伦理道德观念"和街里穿长衣念过'子曰'的人完全不同"。

巧云是挑夫的女儿，长得美如天仙，她爱上了小锡匠十一子。可是保安队的刘号长看上了巧云，要十一子放弃。十一子不从，被保安队捆起来，朝死里打。锡匠们找到十一子时，他还有悠悠一口气，被巧云接到家里，用陈年尿碱救活了。之后，巧云找出爹用过的箩筐，做了一名挑夫，挑担挣钱养家，"从一个姑娘变成了一个很能干的小媳妇"。在民间，自有一套人性法则，自由，率性，没有许多虚伪与周旋，凡事处之泰然，沉默而坚韧，生生不息。

小说写情事，却非常干净，不沾尘埃。巧云被刘号长奸污了，她没有淌眼泪，更没有跳淖里淹死，她只是怔怔乱了一会儿心绪，后悔"没有把自己给了十一子"。一夜，她撑小船到淖中央的沙洲，十一子泅水到了沙洲。"他们在沙洲的茅草丛里一直呆到月到中天。月亮真好啊！"

《大淖记事》几乎是一幅幅风俗画的描摹，人事浸濡在风俗中，相得益彰。

小说里的宜人景物，在我眼前一一掠过，我按图索骥，寻觅而去。曲折的巷子里很安静，其中一扇门虚掩着，望进去是个天井，一张陈旧的雕花木桌旁围着四只长条凳，木凳中央已磨得略有凹陷，可见年代久远。院子空地上，错落着日常用具和菜蔬，一位眉须全白的老者，坐在竹椅上打盹。此情此景让人产生错觉，宛如时光已经凝固。

走到巷子尽头，又向右侧延伸而出，就是汪曾祺笔下的大淖了。

可是，眼前的大淖已成一处臭水浜，野草灌木杂生，几乎填满了水地。小说里那个诗意的沙洲如今是一片红砖建筑，据说是一家种鸭场。岸上有一两户简易房。看见人来，几只鸡"咯咯"叫着惊散而去，看家狗则狂吠不已。

此大淖已非彼大淖！

人非物也非，一切都在静悄悄地改变。

我走进对面的竺家巷，找到11号汪家老宅，有一位老人，从面相到神态，都与汪曾祺颇相像。这应是他同父异母的弟弟了。交谈中，我忽然有些恍惚，如果汪曾祺不去西南联大，大概也会像他的这个兄弟，终老于此吧？

汪家早年成片的老屋如今只剩下逼仄狭小的几间，据说这都是过去汪家堆放杂物的地方。后来，大片的房屋或充公，或被人占去，早非己有。汪家人带我去看保全堂和老虎灶,看当年宅院大门的所在,如今,它们都成别家屋院了。汪曾祺在世时,老家人还心存些指望,现在则不再幻想,只是对前来游历的人说说而已。

告辞了汪家,我又去文游台拜谒(汪曾祺写过一篇《文游台》,该是他少年记忆中的文游台吧)。那里本是纪念秦观(少游)的地方,现在家乡人把汪曾祺也请了进去,在一个侧院,开辟了汪曾祺纪念馆。

世事的变迁就是这样巨大。

①汪曾祺故居外景
②大淖巷

汪曾祺在故乡高邮的芦苇荡（1991年）

①旧时的大淖
②③如今的大淖

①文游台里的秦观塑像
②文游台内汪曾祺文学馆

①②汪曾祺文学馆内景

〇二

\*

——
运河上
边
少年人
——

\*\*

大运河

\*

\*

贯穿城市南北的古老的京杭大运河，到高邮便成了"悬河"。有一段河堤砌着石级，传说这里曾是康熙或乾隆泊舟登岸的地方，所以叫作"御码头"。高邮人在此立了碑，建造了牌坊，俨然一处历史遗迹。拾级而上，一股潮湿、略带腥味的气息扑面而来，我顿生清凉之意。宽阔、舒缓的河面上，不时有货船经过。也有泊在岸边的，船上几乎不见人的踪影，静悄悄的。这让我想起汪曾祺笔下运河行大船的情形。他说小时候看运河里行大船，精壮的船夫裸露着古铜色上身，把篙子投进水里，用肩窝处顶着篙子一步步从船头走向船尾。船的水程实际是船夫用脚一步步走出来的。可是现在，货船都用机器带动，常常三四条地连在一起，从岸上望过去，细长的一条，有时能听到"突突"的马达声，有时则连声息都没有。人力的壮美早已退缩于记忆中，曾经的野性与豪情如今再也无从寻找了。

在运河两岸，杂生着我叫不出名的灌木和草树，沿河公路的另一侧,却是农家景象,有水田,也有荷塘,或者就是一塘水。我站在河边,目送河水流淌,心里被一股温热的思绪所感动,千百年来,斗转星移,世事变迁,大运河始终朴素地、汤汤地、包容一切地向东而去。我想象着19岁以前的汪曾祺在运河边上的情形,独自一人,有时远远地看运河上的船夫舞篙子,有时听河边的村姑扯起尖脆的嗓门……这些童年印象,后来,都一一进入满面风尘满面霜的"老头儿"(汪曾祺子女对他的昵称)的作品当中了。

1920年3月5日,农历正月十五,正是中国传统的元宵节,在高邮城北门外东头竺家巷汪家的宅院里,三房汪菊生的媳妇杨氏产下一子,即汪曾祺。杨氏头胎是一个女孩,因此,汪曾祺的出生给全家带来了欢乐,成为大家钟爱的"惯宝宝"。因为他肤色黑,小名"黑子"。小时他常去自家开的药铺玩,尤其是保全堂,几乎天天去,店里伙计叫他"黑少"。

母亲在汪曾祺的记忆里是模糊的。汪曾祺出生后,她的身体越来越坏,被诊为肺病,这在当时是绝症。于是她自我隔绝,住进一间偏屋,不让人抱儿子去见她。汪曾祺三岁时,杨氏终于不治。因此,汪曾祺对生母的印象,只依稀和旁的事物联在一起:一是父亲带着他,陪母亲乘船去淮安看病,船篷里挂着好些船家自腌的大头菜,大头菜的气味便一直在他鼻息间萦绕;再是一丛秋海棠,种在母亲房外小天井里的花台上,自开自落,红艳艳地始终留在他记忆里。此外,

汪曾祺继母任氏

他从父亲的画室里翻出母亲写的大楷,知道了母亲读过书,嫁到汪家后过着一种悠闲的生活,并不为柴米操心的。

后来,父亲续娶了张氏。张氏将前房孩子当作己出一般地呵护体贴,因此,在汪曾祺心里,对这位后娘是尊敬而喜爱的。他在一篇散文里这样写张氏娘:

> 我于是拿着两根安息香,偎在娘怀里。黄包车慢慢地走着。两旁人家、店铺的影子向后移动着,我有点模糊。闻着安息香的香味,我觉得很幸福。(《我的母亲》)

然而,这位张氏娘在婚前就有了肺病的征兆,到汪家后又操劳家务,没几年也去世了。汪曾祺17岁在外地读高二的时候,父亲又娶了第三位妻子,是为任氏。汪曾祺19岁便离开家乡,因此,他和这位任氏娘在一起生活的时间很少,直到1981年,才又彼此相见。他对任氏娘很尊敬,"因为她伴随我的父亲度过了漫长的很艰苦的沧桑岁月"。

当时县里已经有了西式学堂,汪曾祺先上县立第五小学附属幼稚园,随后就读于第五小学。小小年纪,他就颇有"才名",因为国文和书画都好,很得老师的喜爱。学校在一座佛寺旁,他几乎天天放学后都要去佛寺,看哼哈二将、四大天王、释迦牟尼佛、观音菩萨和十八罗汉;从学校回家的路上,他要经过一条大街,街上有各种店铺、手工作坊、布店、酱园、炮仗店、烧饼店、染坊……他一路走一路看,小城里的人和事都印在他脑子里了。汪曾祺初中是在县立初级中学读的,主课是国文、英文和数学,他依然是国文、美术好于其他,依然好奇于学校里原有的放生鱼池、供奉吕洞宾的小亭子、别处少见的紫竹、护城河边如烟的柳浪、一丛一丛的野蔷薇、大红绑腿的猎人和斑鸠……当时的高邮县没有高中,于是汪曾祺考了江阴的南菁中学。这是一所重理化轻文史的名校,课业沉重。他勉强应对,却买了一部词学丛书,用毛笔抄宋词,"既练了书法,也略窥了词意"。他还常常看《子不语》《夜雨秋灯录》《板桥杂记》一类的闲书。少年人的好奇心,民间生活的熏养,古典文学的濡染,对汪曾祺日后的创作有非常大的影响。

1937年夏,抗日战争全面爆发。汪曾祺暑假回家后,江阴即告沦陷，南菁中学回不去了。随后的两年，他先后在淮安、盐城的高中及迁到高邮的扬州中学借读。

江阴沦陷，汪曾祺和家人在父亲的率领下，前往高邮附近的庵赵庄避祸。他们住在村中一个小庵里，汪曾祺也因此遇到了一些人事，记住了庵前的一副对联——"一花一世界，三藐三菩提"。43年后的某一天，这些往事突然浮现于汪曾祺的脑际，短篇小说《受戒》就这样诞生了。小说甫一发表，即引起轰动，人们兴奋之余也纳闷，原来小说是可以这样写的。

《受戒》描写了20世纪30年代苏北田园的背景下，小和尚明海与少女小英子之间朦朦胧胧的感情。小说几乎没有故事情节，如流水一般平静而流畅。明海被舅舅领去荸荠庵当和尚，庵中和尚过着近似俗人的生活，没有太多清规戒律。庵旁居住着赵姓一家四口，自家日子过得兴旺，还租了庵里的田，小英子是这家的小女儿。因为年龄相仿，庵里没事的时候，明海常去小英子家。明海聪慧伶俐，赵家一家人都喜欢他。姐姐大英子要赶嫁妆，小英子就包下田里的零碎活，她的帮手是明海。一天，明海和小英子到地里去挖荸荠——

> 在柔软的田埂上留下了一串脚印。明海看着她的脚印，傻了。五个小小的趾头，脚掌平平的，脚跟细细的，脚弓部分缺了一块。明海身上有一种从来没有过的感觉，他觉得心里痒痒的。这一串美丽的脚印把小和尚的心搞乱了。

小儿女初萌的情愫，纯洁、烂漫而天真。诗之所谓"思无邪"，亦不过如此。因为是写"四十三年前的一个梦"，所有过往的记忆都被时间过滤，乡土中的一切变得光洁如诗，又加盈盈的江南水意，那一方乡土，更显湿润、柔软，温情脉脉又逸气飞扬，表达了人性自由的梦想。

小说结尾只写了清新的乡村景色，一尘不染，意境自现——

芦花才吐新穗。紫灰色的芦穗，发着银光，软软的，滑溜溜的，像一串丝线。有的地方结了蒲棒，通红的，像一枝一枝小蜡烛。青浮萍，紫浮萍。长脚蚊子，水蜘蛛。野菱角开着四瓣的小白花。惊起一只青桩（一种水鸟），擦着芦穗，扑鲁鲁飞远了。（《受戒》）

生长在逶迤千里的大运河的边上，弥漫的烟水已成深刻记忆。汪曾祺很小的时候就跑到运河堤上去玩；还有高邮湖，浩浩渺渺，有些荒凉，有些寂寞，有些神秘；还有巷子附近的大淖……从早到晚，几乎没有一天看不见水的日子。于是，"水不但于不自觉中成了我的一些小说的背景，并且也影响了我的小说的风格。水有时是汹涌澎湃的，但我们那里的水平常总是柔软的，平和的，静静地流着"。水是流动的，因而不滞涩，洒脱灵动；水是清明的，因而荡涤浊气，不染尘埃。汪曾祺19岁离开故乡，除去昆明七年，在民风气象迥然不同的北京，倒是居住了近五十年光阴。然而他的作品，仍是大多浸渍在一片水乡温柔的恬静幽美中，或者发散出水一般的气质——舒缓而灵逸。可见，家乡的一片水气滋养了他漫长的人生——滋润了他的成长，也造就了他的为文气质。

晚年汪曾祺对童年、少年事件的回味一直兴趣盎然。应该说，他在故乡得到的精神滋养极其丰厚。当时的乡村社会还完整保留着古老传统，这个传统，既饱含思想和文化意识形态，也有具体的承载形式，它们渗透在民间生活的各个方面，以其丰富性和多样性，在这个敏锐的少年人心上刻下了深深的烙印。

①
②
③

①大运河
②芋家巷
③大运河边的牌楼
④汪家附近的东大街旧景

在故乡高邮的运河上（1991年）

# 三

## 耕读一脉传家

汪氏族谱

＊

＊

读汪曾祺的全集，我惊诧于他对"微小"事物的趣味，既沉迷又娴熟，和当代人的"爱，而不能"成鲜明对比。他的儿女后来写他们眼中的父亲，曾提到一个细节：他们的母亲抱怨当爸爸的为什么没把身上那点本事传给儿女（大意如此）。我想，这恐怕怪不得汪曾祺。皮之不存，毛将焉附？没有相应的生活根柢，自然难有相应的文章气质。

高邮汪姓是在清朝晚期从安徽的徽州迁移而来的，到汪曾祺已是第九代。1989年，汪曾祺有皖南之行，其中就有歙县一地。他戏称此行为"寻根"之旅——

> 小时候听祖父说：我们本是徽州人，从他起往上数，第七代才迁居至高邮。祖父为修家谱，曾到过歙县。这家谱我曾见过，一开头是汪华的像。汪华大概是割据一方的豪侠，后来降了唐，受李渊封为越国公。"越国公"在隋唐之际是很高的爵位……他在当地被称为"汪王"，甚至

称之为"汪王大帝"……汪家是歙县第一大姓,我在徽州碰到好几位姓汪的。我站在歙县的大街上,想:这是我的老家,竟有一种说不出来的感情。慎终追远,是中国人抹不掉的一种心态。而且,也似无可厚非。(《皖南一到》)

汪氏这一支到高邮的情形,在汪曾祺的祖父汪嘉勋之前,已不十分清晰,只是传说他的曾祖父中过举人,曾在外地坐馆,后来做盐票生意,却不慎亏了本,几乎把家产赔尽。汪家后来的产业,都是汪嘉勋白手创下的,靠置地、开店铺,渐渐恢复了家业。汪家的田地曾有两千多亩,但基本上都委托给专门的田禾先生管理。汪嘉勋的主要精力放在城里的店铺上,其中有两家药铺,一是万全堂,一是汪曾祺用作小说背景的保全堂。汪曾祺的父亲汪菊生,字淡如,是一位乡间的雅士。在南京读完旧制中学后,他返回家乡,年纪稍长,就以眼科为职。眼科是汪家的祖传,汪菊生本来就"绝顶聪明"(汪曾祺语),渐渐医术精进,在当地小有名气。所以,汪家在当地虽不算望族,也是有产有业、衣食无忧的殷实人家。

汪家大略可归属于传统意义上的"耕读人家"。这曾是存在于旧中国的一个庞大的社会阶层——乡绅阶层。他们自幼进私塾接受中国的传统教育,以田地为生息之根,以读书为经世之用。科举给他们提供了一个向上走的路径,于是,学而优则仕,"学而一般"则散落于广大的民间社会,成为传播教化、稳定乡野的力量。高邮

**汪曾祺的祖父汪嘉勋**

汪家,大致如此。汪嘉勋曾参加过清末的科考,中过"拔贡",这是略高于"秀才"的功名。可是,世事难料,谁也想不到他参加的是最末一次科举考试,从此,中国就废科举改学堂了。对于散布在民间人数众多的"汪嘉勋"们,功名路断,只有转入他途,或者就埋没于乡间了。

但是,他们自幼从进私塾起,便循序渐进地接受中国传统教育,而传统又是一套融合了儒释道精义、自成体系的价值系统,简单说来,就是进则为君为国为天下分忧,退则隐逸山林独善其身。因此,在传统文化熏陶下的读书人,进和退便都有了"出口"——在意识形态领域,他们有崇尚并遵循的文化思想和学术风气;在日常生活领域,他们有寄情托志并优雅化了的物质形态,即所谓"生存的趣味"。尤其江浙一带,此风习可一直上溯到晚明时期。

晚明的江浙一带，经济极度发达，文化极度成熟。在同期考取进士的书生当中，江浙一带占去三分之二。不再为生计发愁，使得人们有余闲、有能力、有兴致去关注"身外之物"，将生存的基本衣食住行逐渐精致和优雅化，甚而至于出现所谓"无用"之乐，而能真正将其发展成为一种文化体系，则是得益于士子文人的广泛参与。尽管江浙一带考取功名者最多，但这一带也是失意士子文人云集的地方。他们因各种缘由不能在政治上有所作为，只能寄情山水，将心智用于自身居住环境，参与营造园林和居室，在江南的佳景秀色中，形成了精致的、温文尔雅的、艺术化的生活方式。这种生活方式，包括诗文、绘画、品茗、饮酒、抚琴、对弈、游历、收藏、品鉴，也在园林、居室、器用、造物上形成相应的品质，庞大而完整。

因此，江浙一带的士人，泽被于历史渊源，以及丰沃物产与佳丽山水，养育出了他们对趣味的爱好，各种"雕虫小技"滋生蔓延。

具体到高邮汪家，汪嘉勋幼读诗书，年长后又兼学佛，书案上有顾炎武的《日知录》，曹雪芹的《红楼梦》，甚至还有邹韬奋编的《生活周刊》；他吃酒吟诗，舍得花钱买古董字画碑帖。在汪曾祺小的时候，爷爷教他读《论语》，写八股文。为表示对这个孙子的喜爱，汪嘉勋还赏给他一块紫色端砚和几本名贵的原拓本字帖。

关于汪菊生，除了散落在一些篇章中的记忆碎片，汪曾祺还专有《我的父亲》《多年父子成兄弟》等文章记述其行状。汪菊生年

**汪曾祺的父亲汪菊生**

轻时当过运动员，踢足球后卫、撑竿跳高、玩单杠、游泳、骑马，还练武术。在儿子的记忆里，父亲经常打抱不平，曾一掌将勒人钱财的侦缉队员打得从船上一溜跟头滚到码头上。这是武行。文事上汪菊生则丝竹书画无所不能，到后来，他把大部分时间都用在画画和制印上。刻印之人多爱藏石，他也不例外，他心爱的三块田黄名章，后来曾出现在儿子的小说《岁寒三友》和一篇说名物的散文里。汪菊生手极巧，总是兴致高昂地制作各种玩意儿——荷花灯、蜈蚣风筝、养金铃子的小玻璃亭子，秋天则做玲珑剔透的西瓜灯。汪曾祺的生母去世后，汪菊生给她糊了几箱子四季冥衣。在为人上，汪菊生则全无禁忌，不拘礼法。比如，他与和尚称兄道弟；再比如，儿子17岁初恋，他在一旁出主意；他喝酒，给儿子倒一杯；抽烟，给儿子一根，还先给点上火……从汪曾祺那些趣味盎然的讲述中，你能感受到，父亲的所爱，也正是儿子的所爱，甚至在某些方面，儿子要逊色于父亲呢。

到了汪曾祺这一辈，他是长子，又聪慧，小学毕业后，父亲为他延请了两位老先生，分别讲授《史记》和桐城派古文。此外，还有一位国文老师高北溟，在国文课上教授明代归有光的散文。上初中后，在师长父辈的影响下，汪曾祺在绘画、书法、刻石及戏曲方面，更是大有长进。这些古典文学和艺术的滋养，对汪曾祺日后为文的风格都有着很大影响——一方面，训练了汪曾祺对汉语言的敏感，使他成为中国当代文坛不多的几位文体家之一；另一方面，则衍化出《岁寒三友》《徙》《金冬心》《钓鱼的医生》等小说里的传统文人形象。

《岁寒三友》发表于1981年，开门见山，开篇就讲三个人——开绒线铺店的王瘦吾、开炮仗店的陶虎臣、画画的靳彝甫。他们从小一起长大，都曾有生意好的时候，热心当地公益，对人温厚，不做伤天害理的事，有个好名声。靳彝甫有三块爱若性命的田黄石章，有人想买，他说："不到山穷水尽，不能舍此性命。"他经人指点，在上海卖出了几幅画，就"行万里路"去了，一去三年。三年间，发生了很多事。兵荒马乱，又被强人所压，王瘦吾和陶虎臣生意破产，眼看要走上绝路，靳彝甫回乡了。他将田黄出手，约了王瘦吾和陶虎臣到酒楼，一人面前放了一百洋钱。最妙的是文章结尾——

汪曾祺的祖母

靳彝甫端起酒杯说："咱们今天醉一次。"

那两个都同意。

"好，醉一次。"

这天是腊月三十。这样的时候，是不会有人上酒馆喝酒的。如意楼空荡荡的，就只有这三个人。

外面，正下着大雪。

此情此景洒脱从容，是以"侠义""患难真情"做底子，汪曾祺对民间人物真性情的赞叹和向往，由此可见。

从汪家的女眷身上，汪曾祺学得的则是另一种民间气象。祖母出身于诗书之家，她的父亲是同光年间当地有名的诗人谈人格。祖母勤劳，一年四季都不闲着：做酱、包粽子、做糟鱼、做风鸡、腌咸菜、包汤圆；她的针线极好，给祖父做"挖云子"鞋、剪花样……

在汪曾祺的记忆里——

> 祖母很喜欢我。夏天晚上,我们在天井里乘凉,她有时会摸着黑走过来,躺在竹床上给我"讲古话"(讲故事)。有时她唱"偈",声音哑哑的:"观音老母站桥头……"这是我听她唱过的唯一的"歌"。(《我的祖父母》)

汪曾祺的二伯父去世早,无子嗣,二伯母年纪轻轻就守节,她要她喜爱的汪曾祺做了二房的继子。她教这个继子《长恨歌》《西厢记·长亭》等诗词,有时也会讲一些轻松的文学故事给汪曾祺听。后来,二妈的故事出现在汪曾祺的小说《珠子灯》里。二妈死了,汪曾祺当过一回孝子,戴孝披麻,做逢七,陪鬼魂吃饭——

> 家里办丧事,气氛和平常全不一样,所有的人都变得庄严肃穆起来。开吊像是演一场戏,大家都演得很认真。"初献""亚献""终献",有条不紊,节奏井然。最后是"点主"。点主要一个功名高的人。给我的二伯母点主的是一个叫李芳的翰林,外号李三麻子。"点主"是在神主上加点。神主(木制小牌位)事前写好"×孺人之神王",李三麻子就位后,礼生喝道:"凝神,想象,请加墨主。"李三麻子拈起一支新笔在"王"字上加一墨点。礼生再赞:"凝神,想象,请加朱主。"李三麻子用朱笔在黑点上加一点。这样死者的魂灵就进入神主了。我对"凝神,想象"印象

很深，因为这很有点诗意。(《我的家》)

我由此想到，一段时间里，时有关于私塾在中国南方农村一息尚存的消息见诸媒体。"私塾"，如今已是一个故纸堆里的名词，然而它却涉及传统文化得以记忆和延续的途径问题。私塾教育，除了文字和道德知识的传授，另一个重要功能，就是传授礼仪。少数能够完成学业的人，成为乡村的"儒"，比如汪嘉勋、汪菊生，再比如给汪曾祺的二伯母"点主"的翰林李三麻子。学者张鸣曾在《私塾消失背后的黑洞》一文中说："'礼'在农村社会的意义，很大程度上在于秩序的建构和维持。农民……在不断的礼仪演练中，才可能明了什么是大小尊卑、昭穆（宗法制度对宗庙或墓地的辈次排列规则和次序）远近，学会怎么样进退有据、行止有节甚至礼让恭谦。从某种意义上讲，煞有介事的礼仪气氛和一板一眼的礼仪程序，是乡民学会服从秩序的最好老师，而演礼导致的肌肉记忆，远比言者谆谆的说教更有效。"同样，汪曾祺也曾谈到风俗带给他的兴趣和美感，在他看来，风俗包含了仪式（礼）和节日，是生活的艺术，是"一个民族对生活的挚爱，对'活着'所感到的欢欣"。也许，汪曾祺因其对传统生活方式的喜爱与敏锐，更早地表达了礼仪对民间社区的意义。他在《谈谈风俗画》中表示："我小时候最爱参加丧礼，不管是亲戚家还是自己家的。我喜欢那种平常没有的'当大事'的肃穆的气氛，所有的人好像一下子都变得雅起来，多情起来了，大家都像在演戏，扮演一种角色，很认真地扮演着。"

然而自晚清以降，在迈向现代化的漫长路程上，传统越来越边缘化。且不说深厚的传统文化已是仅存于古旧典籍中的老文献，那些曾经散布于日常生活中的种种礼俗，也渐渐淡出人们的日常生活。关于传统节庆节气的意义、仪式、礼节、禁忌等，在当代人的学习过程中几乎不见痕迹。

正是在这样荒芜的背景中，汪曾祺被一些评论者称为"最后一个士大夫"也就意味深长了。在他的生命体系中，传统是一抹厚重的底色。晚年的他，虽经历了世事沧桑，然而他作品中传达的人事，却除净火气而澄澈练达。他品味山水草木虫鱼，品味美食茶事，品味世俗人情……这样的文人气质，实在是在他的少年时代，便随风潜入夜地渗透进骨子里了。

①旧时的保全堂
②如今的保全堂已面目全非，是一家杂货铺

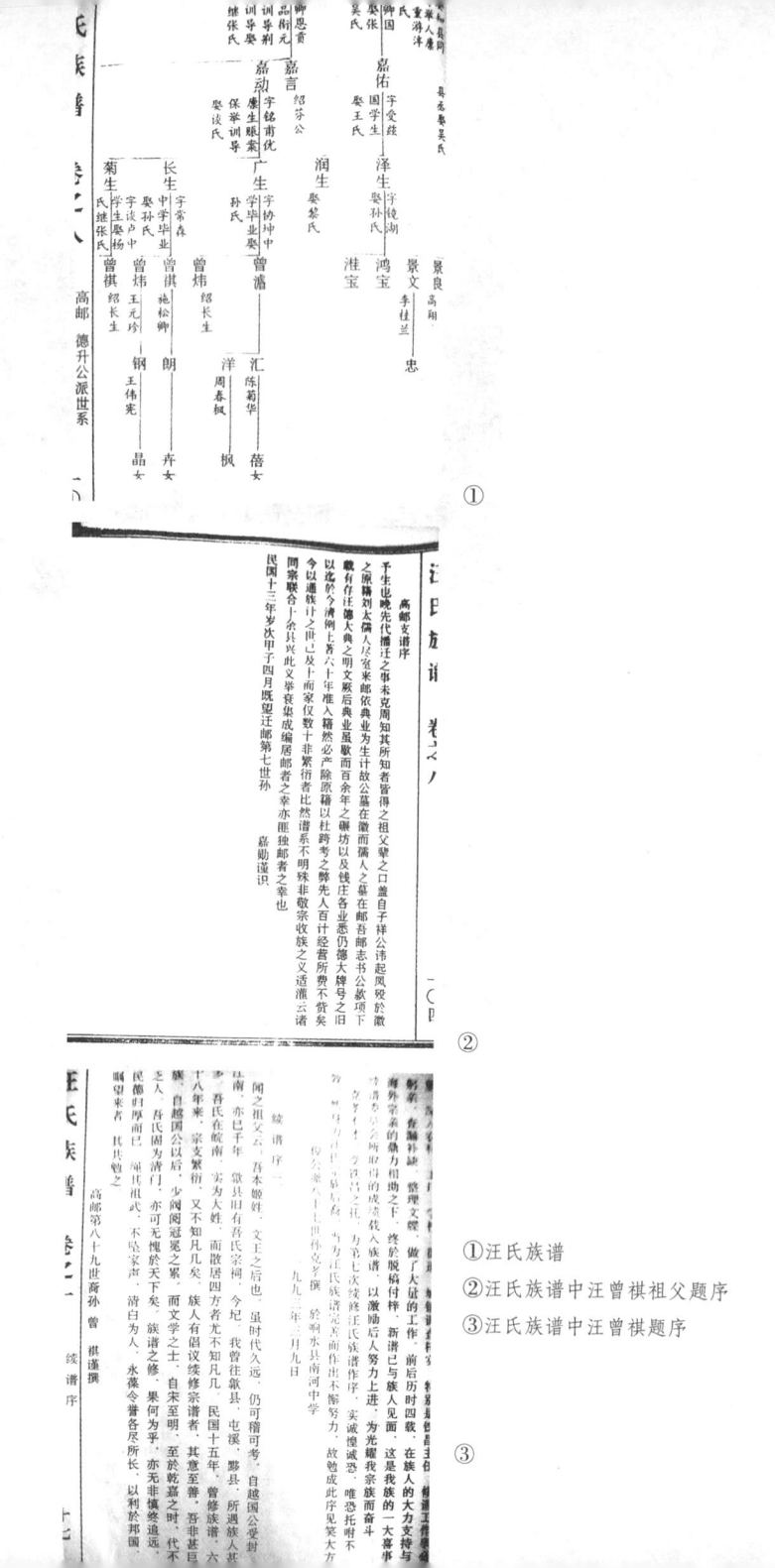

① 汪氏族谱
② 汪氏族谱中汪曾祺祖父题序
③ 汪氏族谱中汪曾祺题序

（四）

翩然西南联大时

年轻时的汪曾祺

*

*

战争年代，一切正常的生活秩序被打乱，汪曾祺在混乱的状态下高中毕业。接下来他必须选择：就业、考学或其他……恰好有高中同学邀他一道去昆明考西南联大。从未出过远门的汪曾祺，从此走上了和汪家祖辈及同辈不同的另一条路。

不想从此一别故土，归来已是六旬翁。

1939年6月，汪曾祺离开家乡高邮，辗转前往昆明报考西南联大。当时往昆明有陆路和海程，他走的是海程。由上海搭轮船，经香港，到越南海防，然后坐滇越铁路火车，由老街入境，达昆明。兜好大一个圈子！汪曾祺虽然有所准备，比如带了好多清洁的法国进口矿泉水，但在滇越线上，他还是染上了恶性疟疾。结果到昆明后就发作了，高烧超过40℃。汪曾祺住进了医院，还打了强心针。可是，不能因为生病就不参加考试啊，如果耽搁了，又是一年的等待。虚弱的他上了考场，没想到，真被西南联大中文系录取了。要知道，这是他的第一志愿！闻一多、朱自清、沈从文，都是他仰慕的名教授!他像做梦一样,居然梦想成真了!在云南,准确地说是在昆明,汪曾祺住了整七年。

西南联大是战时的一所临时性大学,荟萃了被迫南迁的北大、清华、南开的知名教授、学者。在那里求学的时光,虽然物质生活简陋且困难,师生们却"每天孜孜不倦地做学问,真是穷且益坚,不坠青云之志"。学校里洋溢着民主、自由、开放的风气,尤其中文系,单看大一的国文课选文,就别具一格——

《诗经》选了"关关雎鸠",好像是照顾面子。楚辞选《九歌》,不选《离骚》,大概因为《离骚》太长了。《论语》选"冉有公西华侍坐"。"暮春者,春服既成,冠者五六人,童子六七人,浴乎沂,风乎舞雩,咏而归",这不仅是训练学生的文字表达能力,这种重个性、轻利禄、潇洒自如的人生态度,对于联大学生的思想素质的形成,有很大的关系,这段文章的影响是很深远的。联大学生为人处世不俗,夸大一点说,是因为读了这样的文章。这是真正的教育作用,也是选文的教授的用心所在。

魏晋……除了陶渊明,用相当多篇幅选了《世说新语》,这和选"冉有公西华侍坐",其用意有相通处。唐人文选柳宗元《永州八记》而舍韩愈。宋文突出地全录了李易安的《金石录后序》。……白话文部分的特点就更鲜明了。

鲁迅当然是要选的，哪一派也得承认鲁迅，但选的不是《阿Q正传》而是《示众》，可谓独具只眼。选了林徽音的《窗子以外》、丁西林的《一只马蜂》（也许是《压迫》）。林徽音的小说进入大学国文课本，不但当时有人议论纷纷……但我却从这一篇小说知道小说有这种写法，知道什么是"意识流"，扩大了我的文学视野。（《晚翠园曲会》）

联大学术自由的风气，使学生们的为人和为文都比较开放，且新鲜活泼。这样的风气下，汪曾祺在昆明的日子真是"潇洒"。

翠湖是昆明的一个城中湖，给昆明人"浮世的安慰和精神的疗养"，也给离乡万里的外省人纾解了浓浓乡愁。汪曾祺自打来到昆明，就喜欢上了这儿。刚来时，他寄住在同济中学的宿舍里，几乎每天都要到翠湖去，或漫步，或在浅草中坐卧。到了晚上，在斑驳的月光下，几个年轻人在湖里可以遛上好几圈，高谈阔论。还有翠湖图书馆，这是汪曾祺一生中去过次数最多的图书馆。最奇的是图书馆管理员，开门锁，走进阅览室，将墙上不走的挂钟"喀拉拉"拨到8点，上班；过两三个小时，又将挂钟"喀拉拉"拨到12点，下班。这个似陈老莲画笔下的人物，干瘦、沉默，令汪曾祺印象深刻。

泡茶馆，是联大师生在昆明的又一道风景。据汪曾祺说，昆明大学生（男生）不坐茶馆的，大概没有。昆明人说"坐茶馆"，联大师生则将北京话的"泡"嫁接上去，名为"泡茶馆"，意即喝茶之外，较长时间地在茶馆停留。像汪曾祺这样的"好奇"之人，昆明的大小茶馆更是多有涉足，因为那里就像一个万花筒，什么样的浮世万象都能见到，正合他好奇的口味。比如一家茶叶店挂了一副对子："静对古碑临黑女，闲吟绝句比红儿。"字写得好且对得巧，但和茶叶店"文不对题"，汪曾祺到了晚年想起来还在纳闷。翠湖的半岛上有一个两层楼阁，阁上是一家茶馆，在上面，入眼都是湖水，景致很好，他和同学有时一坐便到晚上10点多。不过，联大学生更常去的，却是学校附近的茶馆。正如前述，汪曾祺的喝茶，是把茶馆当作观看民风的一个窗口，在他的视界里，俯眼是书本，抬眼即世相。

——有一家小茶馆，张罗茶座的是女主人，生了好些孩子，怀里常常奶着一个早该断奶的孩子，丈夫比她大得多，什么事也不管，却每天下午喝一大碗牛奶。汪曾祺说："这个男人是一头种畜。"

——在一家专招徕大学生的新式茶馆旁边，有一对卖花生米的姑嫂，那年轻的姑娘——联大学生叫她"花生西施"，买卖看人行事，好看的多给，难看的少给。于是，汪曾祺他们每次买花生米都选一个挺拔英俊的"小生"去。

——一家绍兴人开的茶馆，除了卖清茶，还供应点心。大概同在异乡共为客，主人对联大师生很亲热，可以赊账，还可以借钱。于是，汪曾祺他们囊中羞涩时，向绍兴老板借几个钱，直奔电影院。

——还有一家小茶馆,又脏又乱,生意却好,来的都是本地的"劳动人民",汪曾祺却在涂抹得乱七八糟的墙上发现一首诗:"记得旧时好,跟随爹爹去吃茶。门前磨螺壳,巷口弄泥沙。"这首"真正的"诗,使他大为惊讶。

……

学生泡茶馆,不外乎聊天、看书、写论文几项内容。从大学二年级开始,汪曾祺就和几个同学经常去一家老式茶馆,一早就在靠窗的桌子旁坐下,各自看书,有时竟至一上午不说一句话。他最初的几篇小说,也在这里写成。他说:"茶馆离翠湖很近,从翠湖吹来的风里,时时带有水浮莲的气味。"水浮莲是一种水生植物,叶子状如猪耳朵,肥厚碧绿,开粉紫色的蝶形花,在翠湖里,大片大片的,一望无际。怕也只有汪曾祺,才能嗅得到"水浮莲的气味"吧,不知他是否会联想起故乡的大片水地,还有荷花、肥藕、芦苇、湖蟹、咸鸭蛋……

在一派绿意葱茏、洒脱清雅的神仙生活中,联大师生还需时时应对日本飞机的轰炸与骚扰,这便是"跑警报"——昆明没有空防力量,日本飞机想什么时候来就来,昆明人只好都往郊外跑。汪曾祺刚到昆明的头两年,即1939年、1940年,三天两头有警报,有时甚至一天两次。联大师生的跑警报,从容和风度是其一,内容也是丰富多彩,买"丁丁糖"吃、嗑松子、谈恋爱、捡金子……有人

汪曾祺重返云南（1991年春）

每次跑警报，随身带一个装情书的小箱子。有位女同学从不跑警报，警报一响，她就去洗头。还有一位广东同学，一有警报，就把一大漱口缸的莲子放到锅炉火口去，警报解除了，他的莲子也酥烂了。

这些逸人奇事，在汪曾祺眼里，真是趣味无穷，到了晚年，便都成了素材，一一收入笔下，成了"联大系列"。

①当年西南联合大学校门
②20世纪40年代后期

① 西南联大期间
左起：李荣、汪曾祺、朱德熙
② 1948 年

在上海（1946年或1947年）

# 七载云烟

汪曾祺

## 天地一瞬

我在云南住过七年,1939—1946。除北京外,就要算在昆明住了七年。昆明以外,最远只到过呈贡,远在滇池边一个沙洲般美,地形浪漫的叫做牛南村的地方,连富民都没有去过。长期在黑土坡、白马庙生活过半把二年,这几年都算是郊区。到过宜良、黑龙潭、大观楼,那只是去游逛,当日来回。我们经常活动的地方是市内。市内又以正义路及其东西的几条横街为主。正义路北迤华山南路,南至金马碧鸡牌坊,当时是昆明南北贯通的干线,又是市中心所在。我们到南屏大戏院去看电影,看的都是美国片子。更多的时间是无目的的闲走,闲看。

我们走进书店。当时书店都是开架售书,可以自己抽书下来看。有的穷大学生常靠书柜台

《七载云烟》手稿

⟨五⟩

古风俨然
先生们

汪曾祺与沈从文先生在北京中山公园（1962年）

\*

\*

汪曾祺生性不受拘束，学校的大图书馆只进过几次，因为大家"正襟危坐，集体苦读"，他实在受不了。他倒是每天晚上去系图书馆。系图书馆阅览室外面是坟地，非常安静，在这里可以随手从架上拿书，也可以抽烟，很合他的脾性。有一晚，墙外突然一派细乐，虽然悠远，却十分清晰。半夜里怎会有鼓乐声，但又确实不是错觉，汪曾祺将其归结为"鬼奏乐"。

他看杂七杂八的书，凌晨鸡叫时才回宿舍睡觉，因此他常常逃课。可是，联大中文系老师多有名士派头，不仅其行状经常惊世骇俗，对学生的要求也比较随意，重其创造性而轻考试。汪曾祺日后笔下的这些联大中文系的先生们，十分有趣，宛如《世说新语》的西南联大版。比如闻一多先生，打开高一尺又半的毛边纸讲义，抽一口烟（他是唯一一位上课抽烟也允许学生抽烟的先生），然后，用抑扬顿挫的语调说："痛饮酒，熟读《离骚》——乃可以为名士。"闻先生讲唐诗，和后期印象派联系在一起讲，听课者踊跃；他讲"古代神话与传说"时,甚至有工学院学生穿过昆明城赶来听讲。联大教师讲课从来无人干涉,刘文典先生讲了一年《庄子》,汪曾祺只记住了开首语:"《庄子》嘿,我是不懂的喽,也没有人懂。"讲古文字学的唐兰先生,有一年忽然开了一门词选课,讲《花间集》,他基本不讲,用无锡腔"吟"一遍:"'双鬟隔香红,玉钗头上风'——好!真好!"这首词就算讲过了。在这些典故中,常有"一个同学"参与先生们的"逸事"。

——杨振声先生上"汉魏六朝诗选"课,一个同学就"车轮生四角"写了一篇短报告《方车轮》。凭此,杨先生宣布他期末可免考。

——在闻一多先生的课上,一个同学交了一篇关于李贺的读书报告,大意是说别家诗是在白底子上画画,李贺的诗却是在黑底子上画画,所以色彩格外浓烈。此论为闻先生所激赏。

——王力先生讲诗法课,一个同学根据另一同学的新诗"愿殿堂塌毁于建成之先"填了一首词,当作习作交上去。王先生评语道:"自是君身有仙骨,剪裁妙处不须论。"

汪曾祺身后,儿女们揭开秘密,这"一个同学"其实就是汪曾祺本人。

唯有这样不拘教条、别具趣致的先生,才能教得出别有趣致的学生吧!

但是,在严格的老师眼里,汪曾祺不是一个用功学生。比如朱自清先生讲宋诗课，要求学生记笔记、背诵，还要月考、期考，汪曾祺老缺课，所以朱先生对他印象不佳。不过，在爱才的老师那里，他却被青眼看待，比如前述各位先生，再比如沈从文先生。

汪曾祺报考联大中文系的原因之一，便是高中避日军战乱时读了《沈从文小说选》，"沈从文"对他产生了很大吸引力。但要说他是沈先生教出来的"作家"，似又不是。对沈先生在课堂上的表现，汪曾祺老实说："沈先生的讲课，可以说毫无系统。……沈先生读很多书，但从不引经据典，他总是凭自己的直觉说话。……他的湘西口音很重，声音又低，有些学生听了一堂课，往往觉得不知道听了一些什么。"沈从文教导学生"要贴到人物来写"，这就让很多学生如坠云雾。汪曾祺替老师辩解："听沈先生的课，要像孔子的学生听孔子讲话一样：'举一隅而三隅反。'"他认为，"沈先生不长于讲课，而善于谈天。谈天的范围很广，时局、物价……谈得较多的是风景和人物"。汪曾祺的受益既是在课外，又是在沈先生的宿舍里、在与沈先生的谈天说地中。

在昆明时期，沈从文的家在郊外，但在联大教职员宿舍有他一间屋子。他一进城，宿舍里几乎从早到晚都有人，多为同事、学生，不外乎借书、求字、谈天或看他新收到的宝贝。沈从文的书，极杂，五花八门，甚至有《糖霜谱》《髹饰录》之类。他对器物有极浓厚的兴趣，陶瓷、刺绣、丝绸、木雕、漆器……凡是民间手工制品，都能使他生发热情。在汪曾祺印象里,有一阵子,沈先生收集黑红两色刮花的漆盒,除了自用,多数送了人;有一回,他不知从哪儿弄到很多土家族的挑花布,摊了一屋子,看的人也是一屋子。汪曾祺对老师涉猎之"杂"极其推崇,在他看来,沈从文1949年后以文物专家身份行于世,即源于他对器具名物和"杂知识"的爱好与兴趣。在这一点上,师生间倒是有相同的趣味。

沈从文交往的都是天真、无机心、少俗虑之人,他和客人聊天,说的也都是朋友们的"逸事"——一位老先生养了二十只猫、徐志摩赞烟台大苹果、梁思成测绘时差点从塔上掉下去、林徽因发着高烧谈文艺、金岳霖和大斗鸡同桌吃饭……这些学贯中西的学者文人,和平年代里,将日常生活审美化、趣味化,将学术之外的生活乐趣,寄托于对器物、馔肴、山水风景的爱好与品味上;在战乱的时候,这些"生之趣味"则是清贫与忧患中的调味剂和精神抚慰,使人不沉沦不灰心,保持着乐观向上的心态。

因此,沈先生的爱好,和汪曾祺在家乡时,从父辈祖辈以及乡土民风中耳濡目染、最能触动心底那块柔软之地的某一类东西,相吻合了。师生二人有许多趣味相通的地方。有一次他和沈先生谈起《月下小景》里"甲虫类气味",多奇怪啊,甲虫也能发出气味?沈先生说他从小就爱到处看,到处听,还到处嗅闻。汪曾祺感叹:"对于颜色、声音、气味的敏感,是一个画家、一个诗人必须具备的条件。

这种敏感是要从小培养的。"在他眼里，沈从文最好的小说是写他家乡的，更具体一点，是写他家乡的水。"湘西的一条辰河，流过沈从文的全部作品。他的小说背景多在水边，随时出现的是广舶子、渡船、水筏、莩烟、划子、磨坊、码头、吊脚楼……小说的人物是水边生活，靠水吃水的人，三三、夭夭、翠翠、天保、傩送、老七、水保……关于这条河有说不尽的故事。"其实，他这些对老师的评述，换成"汪曾祺"，换成另一个水地背景，那些人物的名字也一一换过，活脱脱是在说他本人了。就像沈从文说自己："我感情流动而不凝固，一派清波给予我的影响实在不小。我幼小时较美丽的生活，大部分都同水不能分离，我的学校可以说是在水边的。我认识美，学会思索，水对我有极大关系。"这话用在汪曾祺身上，也实在合适。

  当然，汪曾祺和他的老师终是不一样的。沈从文有苗族和土家族血统，祖辈多出身行武，祖父当过清朝武官，父亲也做过民国军官。沈从文的外祖父却是当时本地唯一一位读书人，沈从文的母亲从小读书学医方，又随兄在军营生活，见多识广。后来沈从文姊弟的初步教育，都是由母亲担负的。沈从文在《从文自传》里说："我的气度得于父亲影响的较少，得于妈妈的似较多。"然而血液里父系尚武的基因密码，却在他的生涯中时隐时现。沈从文6岁开始读私塾，读书之外，混迹在一帮"野孩子"中，做一些"顽劣"的事情。在20岁前，他当过兵，做过旧军队里的文书和税收员。当兵期间,因上司搜刮文物的爱好,他在管理这些宝贝时发生了"极宽泛而深切的兴味",又现出了母系一脉的影响。就像有学者指出,沈从文早年步入文坛后,交往者大致两类:一是留学欧美、在当时文化思想界颇有影响的胡适、徐志摩等自由主义知识分子,二是胡也频、丁玲等思想激进、富于才华与理想的文学青年。而沈从文,从年龄和经历上与后者感情接近,在个性与思想上却与前者志趣相投,因而其人生脉络复杂交错。

而汪曾祺的文脉却"清晰"得多,一方面个性使然,一方面文化背景使然。他的一生没有太大起伏,所受教育正规且完整;又因家族和文化环境的关系,其中大儒家文化(包含佛道)色彩浓厚,温柔敦厚,谦恭礼让,使他的生活轨迹基本上"循规蹈矩"。而且这些文化,无论人事还是哲学思想,在潜移默化中,都教给人进和退的途径,因而在汪曾祺身上,"张力"是有限的。不似来自民风彪悍的湘西的沈从文,凭一股"蛮劲"与"狠劲",表面似乎什么都不具备,却敢只身闯北平,终至在林徽因著名的"太太客厅"里容下他"乡下人"的位置。

汪曾祺追随沈从文,并在文章上被认为有师承关系,在我看来,也许,还是一种"民间情怀",既使他们文章品格相近,也凝聚起师生的多年情谊。这一"民间情怀",在沈从文,得自于少年游行乡野的"乡下人"经历和对传统文化的无师自通;在汪曾祺,则多得自于家族及江南汉地士大夫文化的熏陶。然而不管从何种途径得来，源头却是相通的，使师生彼此能声气相投、心领神会。

师生二人的交往，一直持续了近半个世纪。沈从文身后，汪曾祺这样评说自己的老师——

> 沈先生也有生气的时候，也有极度烦恼痛苦的时候，在昆明，在北京，我都见到过，但多数时候都是笑眯眯的。他总是用一种善意的、含情的微笑，来看这个世界的一切。到了晚年，喜欢放声大笑，笑得合不拢嘴，且摆动双手作势，真像一个孩子。只有看破一切人事乘除，得失荣辱，全置度外，心地明净无渣滓的人，才能这样畅快地大笑。(《星斗其文，赤子其人》)

"用一种善意的、含情的微笑，来看这个世界的一切。"放在汪曾祺身上，也合适。

西南联合大学中文系全体师生合影（1946年5月3日）

汪曾祺在沈从文先生家中（1985年）

梦见沈从文先生

汪曾祺

我梦沈从文先生。

《人民文学》改版，陈忠实×××成了综合性的文学刊物。除发表小说作品外，也发一些文学的随笔、杂记、评论。主编黄道梅。我到编辑部小坐。桌上有一份抄件，是沈母毛主的一篇小说的缩篇。拿起来看了一遍，写得还是很好。有几处我觉得还可再精简增饰些词，就拿起笔来添改了一下。拿着了抄件，想找沈老先生一看。是在由西安去。沈老先生正在陽平北京市立医院开会，——也内。见沈先生迎面走来，我把抄件交给他。沈先生看了，说："现在好我再也不写小说，笔力不健了，写那么长活了。笔也写不来了，抓不住。"

"……文字，还是得怎样生活。只写评论则没有写小说，有趣。"

我说现在的年轻外国家表现了小说里掉追记式成份，以而这样才显深刻。

《梦见沈从文先生》手稿

〇六

*

京城
风和雨

**

北京紫禁城午门（五凤楼）的正面

\*

\*

到了1945年1月，虽然在联大读了5年书，汪曾祺还是为他的不喜拘束，具体说来是英语和体育不过关，付出了代价——肄业。几经周折，他到昆明市郊的中国建设中学当了一名教师，在这里，他结识了他的爱人——福建长乐人施松卿。

施松卿的父亲早年随长兄去新加坡谋生，靠半工半读，考取了医士资格，应聘到一个偏远小镇的诊所当医生。施松卿出生在新加坡，从小跟着母亲时而老家时而南洋两地跑。后来生活逐渐无虞，父亲闲暇时，也会带着孩子们到处走走。施松卿是家里老大，因为书念得好，很受父母宠爱，从小学、中学、高中一直到大学地读过来。她的大学同是在西南联大，先读物理系，后因功课繁重加生病，一年后转到生物系，其后又因肺病去香港休养一年，返校后再转到西语系。1945年毕业时，日本人占领新加坡，经济来源中断，她也去了中国建设中学任教。于是，才有了汪曾祺认识施松卿的机缘。

显然，施松卿见的世面、经的事情，要比汪曾祺丰富许多。据

26 岁的汪曾祺

儿女们回忆，汪曾祺曾多次对他们说过："我要是有你们妈妈的经历，不知能写多少小说。"

1946 年夏，他们结伴离开昆明。路线一如汪曾祺当年上学时所走，只是反向而行——先乘火车到海防，然后坐轮船到香港。在香港，二人分手：施松卿先回福建省亲谋职，汪曾祺则坐船去了上海。

当时，家乡高邮正处于国共交火当中，父亲带着家人在镇江避难，汪曾祺只有先在上海找事。然而，在当时政局不稳的情势下要找一份事做谈何容易，屡屡碰壁后，他心灰意懒，苦闷至极，给已在北平的沈从文写信。沈先生急切之下立刻来信："为了一时的困难，

年轻时的施松卿

就这样哭哭啼啼的,甚至想到自杀,真是没出息!你手中有一支笔,怕什么?"同时设法帮他找工作。就这样,在沈先生的朋友李健吾帮助下,汪曾祺到一所私立中学教国文。

早在昆明的时候,汪曾祺就开始了写作,并在沈先生的帮助下,在上海《文艺复兴》等刊物上发表了《小学校的钟声》《复仇》等文章。他在香港等船返沪之际,曾在一张小报上看到一条消息,称"青年作家汪曾祺近日抵达香港",令当时前途莫测的他哭笑不得。在上海一年间,他又陆续发表不少作品,基本确立了"青年作家"的地位。

1947年夏天,在福州一中学教书的施松卿接到老师的信——北京大学西语系有一个助教的位置正"虚位以待"。她立刻北上,先到上海和汪曾祺订婚,随后,二人一同来到北京,这时已是1948年春了。施松卿开始教书,汪曾祺则一直徘徊到5月,最后还是由沈先生设法,在历史博物馆谋到一个办事员的职位。当时的历史博物馆名目很大,却没多少藏品,且不成系统。汪曾祺在这里,听听工友讲"飞贼"的故事,查查仓库,写写说明卡片,翻翻资料,想象一下历史上发生在这里的掌故,日子过得蛮清闲。

> 到了晚上,天安门、端门、左右掖门都关死了,我就到屋里看书。我住的宿舍在右掖门旁边,据说原是锦衣卫——就是执行廷杖的特务值宿的房子。四外无声,异常安静。我有时走出房门,站在午门前的石头坪场上,仰看满天星斗,觉得全世界都是凉的,就我这里一点是热的。(《午门忆旧》)

1949年1月31日,北平和平解放,很多人的命运从此转折。

当时,解放军第四野战军组织南下干部工作团,大量招收年轻知识分子,为接管即将解放的城市准备干部,汪曾祺报了名。要立业当先成家,汪曾祺与施松卿举行了简朴的婚礼。4月,他第一部作品集《邂逅集》作为巴金主编的文学丛刊之一种,由文化生活出版社出版,其中收集了《复仇》《老鲁》《戴车匠》《鸡鸭名家》《邂逅》等8篇作品。

5月，汪曾祺随南下干部工作团出发。他的本意是想借机补充自己生活单调的缺陷，然而才到武汉，他便被留下来接管学校，先在武汉文教局工作，后到武汉第二女中当副教导主任。这当然不是汪曾祺的理想。经过多方疏通，1950年夏，他调回北京市文联，当了一名文学编辑。

当时，北京市文联有两种刊物——《北京文艺》《说说唱唱》，从1950年7月到1955年2月，汪曾祺先后在这两刊待了近5年时间。当时北京市文联主席是老舍先生，在他的影响下，文联风气宽松，书卷气颇浓。汪曾祺很尊重老舍，也去过他家谈工作、看画儿、听他神聊，白石老人的很多逸事，汪曾祺就是从他那里听到的。在文联，他还结识了很多作家，如赵树理、康濯、萧军、端木蕻良、林斤澜、邓友梅等。1955年初，他调到民间文艺研究所，编《民间文学》，一直到1958年被错划为右派分子。

这一段时间里，汪曾祺创作不多，只发表了一部京戏、几首诗、几篇散文，他的大量时间花在看稿、编稿、改稿上。他读了上万篇民间文学作品，参加了傈僳族长诗《逃婚调》、评书《程咬金卖耙筢》等民间文学的整理工作。这对本就有民间根基与情结的汪曾祺来说，从语言、结构、叙述方法上，又一次潜移默化地"接受民族的审美教育"和滋养。

1957年，轰轰烈烈的反右斗争拉开序幕。这是进入新中国后，每一个知识分子都绕不过去的一道坎儿。汪曾祺也不例外。

平心而论，汪曾祺是一个散淡之人，对政治一向敬而远之，也不大关心，像所有本分的知识分子，他只是认真做好本职工作而已，还在联大时期，他就对闻一多先生热心政治表示了不以为然。1956年，毛泽东提出"双百方针"，随之开始"大鸣大放"，动员文化界、学术界以及民主人士向党提意见，帮助党整风。在这种气候下，汪曾祺在被动员之下，也发表了一些言论。反右运动开始，难有人能躲得过去。不过，他不算大人物，因此，他的言论只作为思想问题在小范围开了几次会，他在《随遇而安》中提到，人们"发言都比较温和，有的甚至可以说很亲切。事后我还是照样编刊物，主持编辑部的日常工作，还随单位的领导和几个同志到河南林县调查过一次民歌"，他以为就没事了。

1958年夏天的一天上午，没有任何征兆，汪曾祺去上班，却劈面发现楼道里贴满了大字报，"击退反党分子汪曾祺的猖狂进攻""一定要把民研会的白旗拔掉""彻底批判汪曾祺的右派言行"……他傻眼了。事后他才知道，单位右派指标没达到，他被补划进去了。这是能提到桌面上的说法。桌面下，则是一些人性黑暗的东西在作怪，他成了泄私愤的牺牲品。此刻，我想到巴金的《随想录》，它面世已三十多年，随着时间的推移，其文明之光愈加辉煌。人性的阴暗往往出自本能，人类文明史某一程度上也是人性本能净化的历史。

有时我想,一个民族进步与否,与其能否勇于正视、揭露、抑制本能,进而升华人性密切相关。

言归正传。就这样,写了无数次检查,开了无数次批判会,结论终于下来了,汪曾祺被定为一般右派,下放农村劳动。于是,在他的人生履历上,才有了张家口沙岭子农业科学研究所一页。晚年汪曾祺说:"我当了一回'右派',真是三生有幸。要不然我这一生就更加平淡了。"这样的话,也只有看透了世事、通达洒脱的人才能说得出吧。

汪曾祺是个随遇而安的人,这是他的生活态度。儿女们曾说:"爸爸脑子似乎特别不愿意记忆那些悲啊苦啊的东西,更不愿意将它们诉诸文字。三年多的劳动改造,在爸爸的一生中算是最艰苦的时期,但是在他后来写的作品中却很少描述经受的磨难,相反,这一段生活在他的笔下还挺有诗意。"起猪圈、刨冻粪、扛170斤重的麻袋上高跳……大部分农活他都干过,都咬牙挺过来了,还干得不错。业余时间,他参与和指导所里的农工演戏,用油彩代替粉彩给演员化妆,制作当地从没见过的布景。所里给右派作鉴定,给他下的结论是:老汪干活不藏奸,和群众关系好,"人性"不错。另一方面,在农科所的日子的确还算"惬意","山高皇帝远",只要能吃得苦、耐得寂寞。而且到了后来,他相对固定在果园劳动,给果树喷农药。因此,汪曾祺说:"我这个'右派'算是很幸运的,没有受多少罪。"

两年后,他被摘了"右派"帽子,然而却没了接收单位,只好先留在农科所干些杂务。

这样,所里给他派了一个任务,去沽源,画《中国马铃薯图谱》。

沽源有一个马铃薯研究站,是供应全国薯种的基地,汇聚了百来种品类各异的马铃薯。汪曾祺带上在沙岭子新华书店买的《癸巳类稿》《十驾斋养新录》和两册《容斋随笔》,走马上任了。在沽源的日子,白天画画,晚上看书,简直可以用"悠闲"来形容——

> 我在这里的日子真是逍遥自在之极。既不开会,也不学习,也没人领导我。就我自己,每天一早蹚着露水,掐两丛马铃薯的花,两把叶子,插在玻璃杯里,对着它一笔一笔地画。上午画花,下午画叶子——花到下午就蔫了。到马铃薯陆续成熟时,就画薯块,画完了,就把薯块放到牛粪火里烤熟了,吃掉。我大概吃过几十种不同样的马铃薯。据我的品评,以"男爵"为最大,大的一个可达两斤;以"紫土豆"味道最佳,皮色深紫,薯肉黄如蒸栗,味道也似蒸栗;有一种马铃薯可当水果生吃,很甜,只是太小,比一个鸡蛋大不了多少。(《沽源》)

遗憾的是,这套颇具学术价值的《中国马铃薯图谱》始终没有出版,一直放在农科所,到了"文革"的混乱时期,连底稿都不知所终了。图谱画完了,汪曾祺又回到所里"赋闲",无聊之余,他创作了儿童题材的小说《羊舍一夕》，在《人民文学》上发表，加上后来写的《王全》《看水》，1963年由中国少年儿童出版社结集为《羊舍的一晚》。这是汪曾祺的第二部作品集。

1962年初，经多方联系，汪曾祺调回北京，到北京京剧团当编剧。此后，他再没换过单位。

①与夫人在北京（1948年）
②与夫人在北京（1948年冬）

① 与夫人施松卿在北京，已报名参加解放军四野南下工作团（1949年春）
② 与家人合照（1953年）
前左：子汪朗，前右：女汪明，后右：妻妹施兰卿

①在颐和园（1963年）
②与中国民间文艺研究会的同事合影（20世纪50年代后期）左五为汪曾祺

①重返张家口，在大境门留影
（1983年夏）
②在张家口农业科学研究所下放劳动
（1958年）
右一为汪曾祺

全家在北京中山公园（1961年）

〈七〉

*

随波逐流
样板戏

**

汪曾祺在江西老区体验生活（1971年）

\*

\*

在传统中国的民间社区，演戏唱戏，是日常生活中的大事。这是一个社交的机会与场合，在戏台周围聚集起各色人等。这也是一个教人知礼仪懂秩序的教化载体，"借虚事指点实事，托古人提醒今人"。当然，这还是一个文化场合，戏曲人物粉墨登场，敷衍古今，戏台上的装饰也如此，有绘画，有对联……教人懂审美、知廉耻。早年，我曾去陕西岐山游览周公庙，岐山是当年周朝的首辅西岐所在地，周公即辅佐周文王幼子的周公旦，他所制定的一套礼乐仪式，奠定了儒家礼仪文化的基础。在那些依山而建、富丽堂皇的殿堂群中，便有一座"乐楼"，类似于戏楼，雕梁画栋之外，两侧还有色彩艳丽的人物壁画。可见，戏曲在传统中国源远流长且地位重要。

近年来，一些学者将探究的目光指向在西风凌厉挤压下流落一隅的中国传统文化，试图重新审视"现代化"对传统的扫荡而导致的中国社会结构的失序。张鸣是其中颇有影响者。他曾说："传统的中国人由于拥有融在乡土里的儒家伦理和相应的宗法结构，所以，只要在传统氛围的乡土里生活过,其由乡土所代表的文化模式恐怕一生一世都难以完全摆脱。"

这些都启发了我,使我感到,"样板戏时代"的汪曾祺是有来历可寻的。

汪曾祺的第一个剧本,是在北京文联时期写的《范进中举》。然而,追溯他和戏曲的渊源,那就早了,可以像"从前有个庙,庙里有个和尚……"那样,一直追溯到他的少年根子上。

旧时普通人能借以娱乐的方式,毕竟少而单调。更兼高邮当年是个小县城,能让人走出家门聚众同乐的理由,除了年节时分走亲戚,或者参加婚丧庆吊,就只有看戏了。因此,汪曾祺小时候对那些走乡串村的戏班子印象深刻。只要一有锣鼓响,他就会钻进人群,看戏台上的诸多风景——斑斓的戏服、勾花脸、摔踝子、摘红纸封子、滚钉板……有一年,当地请来一个比较整齐的戏班子,戏台上点了好几盏汽灯,照得台上台下一片雪亮,那些簇新的行头,五颜六色,金光闪闪,尤其好看。戏开场了,先是开锣吉祥戏《赵颜借寿》《八百八年》,然后开演正戏。最吸引少年汪曾祺的是一出《小放牛》,村姑的装束娇俏可爱,唱的词他也大多能听懂。"用手一指,东指西指,南指北指……杨柳树上挂着一个大招牌……"在汪曾祺的脑子里,铺展出一派春风荡漾的恬淡之境。

这是大众的娱乐。而对于汪家这样的读书人家,戏曲本属"雅玩"

之类。读书人玩票的风习，在江南富庶之地源远流长，因此汪家长辈在自家宅院里，也会自娱自乐。大伯父有一架留声机和一柜子唱片，每当阴天下雨时，便会听曲消遣解闷。每当此时，汪曾祺就悄悄溜进屋里，坐在一旁凝神细听。最让他感动的，是程砚秋的《金锁记》和杨小楼的《林冲夜奔》。他回忆道："几声小镲，'啊哈！数尽更筹，听残银漏……'杨小楼的高亢脆亮的嗓子，使我感到一种异样的悲凉。"

汪曾祺的父亲汪菊生是个多才多艺之人。年轻时，汪菊生曾去苏州买了好些乐器，到后来则专心于胡琴。汪曾祺说父亲学琴是"留学生"——跟着留声机唱片拉琴。父亲拉琴，汪曾祺跟着学唱，他玩票的经历因此可从初中一年级算起。他学过老生，但主要学青衣，学会了《坐宫》《玉堂春》《汾河湾》《霸王别姬》等几出戏，从初中、高中，一直唱到大学一年级。汪曾祺说他年轻时嗓子很好，此番气象于我等对传统戏曲隔膜甚深的人来说，真有点无从想象。

到了西南联大二年级时，汪曾祺的兴趣转向了昆曲。那时节，在一些先生的倡导下，云南大学成立了一个曲社，参加的都是云大和联大中文系的学生。汪曾祺在曲社里，从《琵琶记·南浦》《拜月记·走雨》开始，陆续学会了《游园·惊梦》《拾画·叫画》《哭像》《闻铃》《扫花》《三醉》《思凡》《折柳·阳关》《瑶台》……当时在曲社之外，还时常做"同期"（唱昆爱好者约期集会唱曲，叫同期）。参加同期的教授先生们，生活清贫，埋首学问，却能同时在"高吟浅唱、曲声笛韵中自得其乐"。晚年，汪曾祺有若干文章说起联大时期的拍曲子，那些人，那些事，真是逸气十足啊，活脱脱像从《世说新语》里走出来的一样。要说这些先生们，有擅长的某一专业安身立命，不少人在文化或科学领域成绩斐然，他们大多是无党无派的自由主义知识分子，处政治旋涡之外，安贫乐道，恬淡冲和，不颓唐，不沮丧，更不急功近利。汪曾祺在其中，无论于曲事，还是于处世做人，都得益匪浅。

这样，20世纪60年代初汪曾祺到北京京剧团，便和戏剧有了一段因缘际会的沉浮起落。

他进京剧团成了编剧，自然要写剧本。"文革"前有《王昭君》《凌烟阁》和《小翠》；"文革"中除了著名的现代京剧《沙家浜》，还参与了京剧《杜鹃山》和《红岩》的改编、《山城旭日》《草原烽火》的剧本创作等；"文革"后写过《擂鼓战金山》《一匹布》《裘盛戎》《一捧雪》4个京剧剧本，后来还写过戏曲歌舞剧《大劈棺》、电影文学剧本《炮火中的荷花》等。剧本不像小说，可以在案头或便时欣赏；如果剧本不能转为舞台表演，那作者几乎就是"白忙乎"。实际上，汪曾祺大多是"白忙乎"，那些剧本有的只演几场，有的则无疾而终。说起来，现代京剧《沙家浜》倒是最能代表汪曾祺这个时期的创作活动。

在"样板团"
期间

  这又要简单说说京剧的历史。自清乾隆五十五年(1790)四大徽班陆续进京以来,京剧经历了近二百年的发展,已形成固定成熟的表演程式及意蕴丰厚的艺术风范,无论经典剧目,还是身怀绝技的艺术家,都达到了前所未有的高峰。然而,1949年新中国成立,除旧布新,万象更新,以封建时代帝王将相、才子佳人生活为主要题材的京剧艺术,出现了危机。显然,新的意识形态已不再鼓励艺术上的"旧瓶陈酒";另一方面,20世纪初新文化运动的开展及西方文学艺术的广泛传播,也使京剧艺术流失了年轻的观众群体。因此,和当时整个文学艺术界一样,京剧界也尝试着表现新人新事,希望给这个古老的艺术形式探索出一条新生之路。

从1963年下半年起，在全国范围展开了关于京剧要不要演现代戏、能不能演现代戏、怎样演现代戏的大讨论。年底，中国戏剧家协会在北京召开第四届常务理事（扩大）会议，中宣部副部长周扬、中国剧协主席田汉都在报告中强调，戏剧艺术面临的迫切任务是，更好地为无产阶级政治服务，戏剧工作者应深入工农兵生活，积极进行现代戏的创作和演出。随后，中宣部、文化部又联合发出通知，决定于1964年6月在北京举行全国京剧现代戏会演。在这种形势下，北京京剧团接受了对沪剧《芦荡火种》的改编工作，这是江青直接插手样板戏的开始。

北京京剧团组织了四人写作班子，除了专职编剧汪曾祺，还有党委书记薛恩厚、业务副团长萧甲、创作室主任杨毓珉。他们用一周时间，将《芦荡火种》改编为《地下联络员》。彩排时，江青并不满意，当时的北京市市长彭真对写作班子多有鼓励，但碍于江青的身份，也不便多说。于是，剧本进行了二次修改。第二次改动就比较细致了，剧名也改回《芦荡火种》。据有关人士回忆，杨毓珉因病退出，剩下三人住到广渠门文化局招待所，每人分头改几场，由汪曾祺统稿，几场重头戏、一些重要唱段，都出自汪曾祺之手。

汪曾祺进京剧团后，是想有些作为的。京剧起源于民间戏班子，虽然清末民初一些文人参与了词曲编写，但文化根底的不足在京剧传统戏中仍表现得尤其明显。他后来说："我搞京剧，有一个想法，很想提高一下京剧的文学水平,提高其可读性,想把京剧变成一种现代艺术,可以和现代文学作品放在一起……"除了使人物性格进一步鲜明,进一步彰显戏剧冲突,他的改革重点更在唱词念白的文学性上。比如《智斗》一场,阿庆嫂唱一段【西皮流水】:

垒起七星灶,

铜壶煮三江。

摆开八仙桌,

招待十六方。

来的都是客,

全凭嘴一张。

相逢开口笑,

过后不思量。

人一走,茶就凉,

有什么周详不周详?

还在西南联大时,汪曾祺上吴宓先生"中西诗之比较"课。不料,吴先生讲的第一首诗却是:"一去二三里,烟村四五家。亭台六七座,八九十枝花。"汪曾祺嫌其寡淡,就逃了课,后来才意识到吴先生是对的。"垒起七星灶"一段,便有异曲同工之妙——汪曾祺曾戏言自己是玩数字游戏。当然,这也是脱化于苏东坡诗《汲江煎茶》"大瓢贮月归春瓮,小杓分江入夜瓶",可见他深厚的古典文学功底。

一般西皮流水是七字一句，但汪曾祺认为五言才能烘托此处的气氛。当时设计唱腔的是马连良的琴师李慕良，他觉得五言不好安腔，但最终还是设计出来。紧锣密鼓之后，将洞悉世态的"人一走，茶就凉"烘托出来。随着《沙家浜》传唱大江南北，这句词也广为流传，成了人所熟知的成语，不知道的还以为是民谚呢。彩排得到江青的认可，由此汪曾祺给她留下了印象。

《芦荡火种》参加了1964年夏的全国京剧现代戏观摩演出，当时还有《杜鹃山》《红灯记》《智取威虎山》《六号门》《节振国》《奇袭白虎团》等一大批现代京剧参演。在此期间，毛泽东看了几场戏，从艺术角度对《芦荡火种》提出几点意见，并将剧名改为《沙家浜》。剧本出版时，汪曾祺作为主创人员，名字排在第一位。

由此，他和样板戏有了一段不解之缘。

小说《红岩》引起轰动，江青想把它改编成京剧，就组织起一个班子，有小说作者罗广斌、杨益言，有歌剧《江姐》的作者、空政文工团的编剧阎肃，还有北京京剧团的薛恩厚、汪曾祺。在中南海的颐年堂，在一次关于《红岩》改编的座谈会上，汪曾祺第一次见到江青。从1964年冬一直到1966年春节前，为改编剧本，汪曾祺他们先是集中起来写剧本，然后到重庆体验生活，再接着改剧本。然而剧本即将杀青时，江青说"四川党还有王明路线"，她要另起炉灶，让汪曾祺和阎肃写一出《山城旭日》。6月，《山城旭日》结稿，接着排练、彩排。然而,"文化大革命"开始了,江青要夺权,顾不上《山城旭日》了。

"文革"中,因为有前科,汪曾祺首当其冲被揪出来,大字报说他"老右派,新表演",接下来是批斗、抄家、游街……到后来,京剧团的"坏分子"被集中到一栋小楼里,学毛选、写交代材料、劳动。

到了1967年4月,汪曾祺被戏剧性地"解放"了。原来,江青将样板戏当作自己的阵地,要根据形势重新修改《沙家浜》,于是想到了汪曾祺。中央"文革"小组的联络员派人找到汪曾祺,要他做个检查。汪曾祺正思索如何检查,又被叫到办公室,说表个态就行了。就这样,当着临时集合起的革命群众的面,汪曾祺讲了三分钟,表态说:"江青同志如果还允许我在样板戏上尽一点力,我愿意鞠躬尽瘁,死而后已。"当晚,他和阎肃一起被派去陪江青看戏。应该说,这是他当时的真实心态,然而为了这一句话,汪曾祺在"四人帮"倒台后"说清楚"时,检讨了无数次。这是后话了。

江青倒真是要在样板戏上用汪曾祺,当然,是"内部控制使用"。

1969年,北京京剧团上《杜鹃山》,包括汪曾祺、裘盛戎一班人员,去湘鄂赣体验生活,回京后重写剧本,设计唱腔。江青知道后,指派于会泳负责具体事宜。汪曾祺改写了二、四、八场戏,还参与了其他一些唱段的写作。他熟知诗词格律,【乱云飞】唱词结尾"面临着胜败存亡我的心,心沉重。心沉重,望长空;望长空,想五井……"

这种循环往复的写法，便借鉴了元杂剧《汉宫秋》"我銮舆返咸阳。返咸阳，过宫墙；过宫墙，绕回廊……"的写作手法，这无疑提高了京剧现代戏的艺术表现力。

除了写新剧本，就是没完没了地改《沙家浜》。1970年，江青要将样板戏一一定稿，在《红旗》杂志上发表，并配发评论，以显示"无产阶级革命文艺路线的伟大胜利"。《沙家浜》在人民大会堂定稿时，"首长"有江青、姚文元、叶群等。定稿会上，先由剧团演员朗读剧本，江青等人听，有问题就说"这里改一下"，汪曾祺便当场改词。定稿会一直持续十几个小时，因为他应对敏捷，江青挺满意，于是就有了接下来的一幕。

当时，柬埔寨国家元首西哈努克亲王出国访问，国内发生政变，他只好来到中国。北京百万群众集会天安门，声援柬埔寨人民。作为"革命文艺战士"，《沙家浜》剧组有关人员被邀请上天安门城楼，其中有谭元寿、洪雪飞、马长礼，汪曾祺也在前一晚临时接到了通知。第二天《人民日报》登出集会消息，并按惯例列出上天安门城楼的人员名单，汪曾祺排在倒数几位中。他的儿女回忆："这类名单是'文革'中各种人物起落沉浮的风向标，什么人复出了，什么人受到重用了，什么人又倒霉了，在名单中看得清清楚楚。因此，每次这类名单刊登后，总有许多人在认真研究。……文人一向是批判的对象，能够享受如此'殊荣'的，爸爸是第一人。汪曾祺，右派，还有历

《沙家浜》剧组人员被邀请
上天安门城楼的消息

史问题,在许多人被批得死去活来的时候,他却如此风光,上了天安门。这说明什么?只能说明他投靠了江青。看到这个名单,不少人产生过这样的想法。'四人帮'垮台后,爸爸为了这次露脸被审查了一遍又一遍。在爸爸看来,这本来是很简单的事,但是他照实交代,别人却怎么也不相信会是这么简单。"

"文革"结束后,因为和江青及样板戏的关系,汪曾祺又被贴了大字报,受审查,写了十几万字的交代材料,被"挂"起来两年多。

汪曾祺晚年,关于戏曲的文章写了不少,说戏,也写人事。这固然和他的传统文化情结相关,也和他在京剧团多年的经历有关。他有一篇《戏台天地》的文章,引用了若干对联,颇有意味——

戏台小天地,天地大戏台。

上场应念下场日,看戏无非做戏人。

功名富贵镜中花,玉带乌纱,回头了千秋事业;离合悲欢皆幻梦,佳人才子,转眼间百岁风光。

花深深,柳阴阴,听隔院声歌,且凉凉去;月浅浅,风翦翦,数高城更鼓,好缓缓归。

他说,从这些戏台的对联中,"可以看出中国人的历史观和戏剧观"。在我看来,这也颇能代表汪曾祺的历史观和人生观。在《沙家浜》里他那句著名的戏词"人一走,茶就凉",凝聚了多少世态炎凉,不是一个对中国文化深有心得、对世间百态了解透彻的人,怎能写出这样的句子?

①于黄洋界
（1971年）
前右二为汪
曾祺
②在拉萨
（1973年）

①在八达岭长城
（1963年）
②《芦荡火种》剧组
成员名单

八

"大器晚成"
小说家

伏案写作

\*

\*

汪曾祺从"说清楚"学习班里出来后，再也不想碰戏了。一是伤了心；二是对京剧现代化的探索难以行通。他说自己本想"跟京剧闹闹别扭。但是深感闹不过它。在京剧中想要试验一点新东西，真是如同一拳打在城墙上！"于是，"编剧"汪曾祺开始另起炉灶，终以"小说家""散文家"名于世。

他是"大器晚成"的作家，成名作《受戒》发表于1980年，当时他已年届六十。随后，汪曾祺的创作进入喷发期，那些或灵或逸的人物，那些睿智的感悟，压抑经年，恰好遇到了合适的时机，一发而不可止。有时想，也许这竟是幸事，没有过渡期的生涩与火气，一出来便是明净清朗，笔致和气度都恰到好处。

读他的小品随笔，常常让我想起20世纪前半叶中国作家群中以周作人为代表的平和冲淡的一派，那流溢于字里行间的闲适情调，在一段时期的价值评判系统中，是被批判与贬斥的，其中之一的指责便是"玩物丧志"。我查了手边1985年版《辞海》，对此词条的解释是:"谓沉迷于玩好的事物,使人丧失进取的志向。……也引申用于一切被认为无益而有害的事情。"但是,就像沈从文八十大寿时,汪曾祺送老师一副对联,其中有"玩物从来非丧志"一句,在我看来,可以视为对老师、对自己及那些醺醺于传统文化的文人气质的一种认定。这是因为,对民间村野一切素朴的人和事、对世间一切美好可爱的事和物,怀抱着爱好之心,虽然不排除些许居高临下的远观与赏玩色彩,然而,却未尝不是他们对人生理想的寄托,对至真至善的追求。所以,在革命年代,这一爱好被激进思想所排斥时,便深藏内心,不经意间流露于日常的起居和饮食中,比如,对草木的爱好,对美食的爱好。应该说,"闲适情调"在"后革命时代"悄然登场,是人们厌倦了单调和贫乏的必然。也因此,汪曾祺的出现并受瞩目,是正当其时。

和同时代及同龄作家相比,他对那些区别于宏大事件的"细小事物"的关注,显然更多,也更敏锐,往往让人会心一粲,或像被仙人掌的小刺微微扎了一下。在当时粗粝的背景下,这些日常关怀确实新鲜而温馨,别具一格。翻阅他的全集,有时我想象自己会怎样编他的作品集:关于植物可以收成一集,关于美食可以收成一集,关于器物、关于风俗……关于人物,又可分联大系列、故乡系列、艺人系列、风云人物系列……这些小品文章中,有知识,有趣味,有人事,有品评,有雅玩,唯独少见面目刻板的"微言大义"。这样编纂之下的汪曾祺,怕是和全集中正襟危坐的汪曾祺不一样,会很可爱。

在汪曾祺的写作中,单是关于花草的文章,从1945年《花园》起,到1996年《草木春秋》,就有近30篇,如果算上关于那些可入菜蔬的,如上所言,能集成一本不薄的册子。他所写的,有牡丹、芍药之类的名花贵草,但大多数是随处可见好养活的"草花"。他去各地旅游,都会留心当地的植物,回来后便一一记入文章。他甚至将自己的几本散文集也用那些默默的草花来命名,像《晚饭花集》《蒲草集》《草花集》《茱萸集》……比如他说蒲草,就像说他的生活态度——

  蒲草是一种短短的密集的小草,种在长方形的或腰圆形的紫砂盆或石盆中,放在书桌上,可以为房间增加一点绿色。这东西是毫不珍贵的,也很好养,时不时地给它喷一点水就行。常见的以书斋清供为题的画里往往有一盆蒲草,但不是画的主体,只是置之瓶花、怪石的一侧,作为一点陪衬,一点点缀。(《〈蒲草集〉小引》)

他喜欢的书里,有清人吴其俊的《植物名实图考长编》和《植物名实图考》。汪曾祺说吴其俊的书,"那里的说明都是一段可读的散文"。他还和友人感叹:"中国人从来最会写文章。怎么现在这么不行了?"他的感叹不是无的放矢。文理已泾渭分明,学科的分类也越来越细,结果之一便是,大凡与科学有关的论著,都是客观的、精确的,也是冷冰冰的。至于文学家,因为少涉旁类,笔下往往无物，只好感情泛滥，以至成灾。

汪曾祺想证明，文章是有另一类写法的。说植物，但从植物说开去，有古诗，有知识，有人事，有掌故，甚至有人类的"小历史"。汪曾祺笔下，植物往往是一种比兴。他有一组写人的小说，总题为《晚饭花》，文章题头却是一段释"晚饭花"，并且抄录一节吴其俊的考据，看上去，跟小说人物全不搭界。是这样吗？当然不是。汪曾祺讲述的是那些像晚饭花一样，每天都能在身边看到、遇到、听到的普通人、平常事。

他写花草，往往是"人面桃花相映红"，别有意蕴。故乡矮矮红花黄蕊的秋海棠，是和生母住的小屋的记忆联在一起；橡栗，则将他的思绪拉向家乡西门外一棵"茅栗子树"，以及一件勇士似的幼年故事……即便看来单写草木的文章，里面一样活跃着人事，有情有味，还有陈年的怀旧。

汪曾祺笔下的植物，是带有暖意的。

汪曾祺笔下的美食，也是带有暖意的。

这些暖意，来自对生活的情意。

后来，关于文人说吃的书籍多起来，甚至有出版社将清代袁枚薄薄一册《随园食单》从故纸堆里翻出来，再配以图画重新包装，居然成了厚厚一本。文人说吃，说的不是山珍海味，多是居家的寻常食物，却有来历、有掌故、有山野气和清逸气。在其中，吃已成为一种生活态度。

我想，更早一些的汪曾祺谈吃种种，便是如此。他曾有一段自我总结的文字——

> 此集诸篇，记人事、写风景、谈文化、述掌故，兼及草木虫鱼、瓜果食物，皆有情致。间作小考证，亦可喜。娓娓而谈，态度亲切，不矜持作态。文求雅洁，少雕饰，如行云流水。春初新韭，秋末晚菘，滋味近似。（《蒲桥集》封面）

这一条线索，近可追溯到20世纪上半叶周作人、废名等"京派作家"小品，远则能上行到晚明及清季的文人笔记。汪曾祺不藏书，书都刻在他脑子里了，不过，也有一些书能让他在手边反复玩味，比如前面提到的《植物名实图考长编》和《植物名实图考》，以及南北朝刘义庆《世说新语》，宋沈括《梦溪笔谈》，明张大复《梅花草堂笔谈》、张岱《夜航船》、文震亨《长物志》，清余怀《板桥杂记》、袁枚《随园食单》、沈复《浮生六记》等。在他们那里，举凡屋室、花木、水石、禽鱼、书画、戏曲、器具、衣饰、蔬果、香茗……莫不趣味横生且清雅自然。譬如文震亨说荔枝，短短70余字，有物产出处，有典故诗词，还有作者品鉴，读来颇引遐思逸想——其实，不过一果品尔。

汪曾祺的"美食"文章，显然深受此类文体的影响，那是见于生活细微处的趣味雅致，区别于豪门之奢华，也区别于平民之简陋。读他的全集，每看到此类文章，总令我口齿生津，感觉日常生活的可爱与温暖散布在细小微妙的方方面面。读他为某美食杂志写的菜谱《家常酒菜》，我甚至感叹，作者真是一位大俗大闲之人！《家常酒菜》写得真叫"俗"，不过，却能归入好看好用、体贴入微的小品。文章一开头便有生气和暖意，是人间烟火气的，还不平庸——

家常酒菜，一要有新意，二要省钱，三要省事。偶有客来，酒渴思饮。主人卷袖下厨，一面切葱姜，调作料，一面仍可陪客人聊天，显得从容不迫，若无其事，方有意思。如果主人手忙脚乱，客人坐立不安，这酒还喝个什么劲！

那些美食文章，正如汪曾祺自己定义："婉转亲切，意不在吃。"比如说鲤鱼，他先辨鲤鱼与黄河鲤鱼之别，再说水泊梁山一带的黄河鲤鱼，讲此地"无鱼不成席"的习俗，吃喜酒谓"等着吃你的鱼"。文至此，却提一笔《水浒传》里，吴用在大财主家做门馆教学，某日吃金色鲤鱼，"要重十四五斤的"。汪曾祺便笑古人："鲤鱼大到十四五斤，不好吃了，写《水浒》的施耐庵、罗贯中对吃鲤鱼外行。"因为，鲤鱼要三斤左右的才鲜。说古论今，别有风趣，令人莞尔。

他的美食散文，亦有行走，有阅读，两相结合，间有考证和古今逸事，写的人和读的人都平心静气、闲适随性。昆明，是他写得最多的，他几乎把昆明都写尽了。在那山青水绿的背景下，联大各色教授、同期曲会、泡茶馆、吃吃喝喝、花花草草……真是事无巨细，一一记来，生动形象，集在一起看，此地风俗人情、人文渊源，对一个陌生人，等于在纸上游历了一番。《昆明的吃食》中，汪曾祺写吃真是淋漓尽致，令人叹为观止。他行走各地，都会关注一下当地饮食，连游杜甫草堂都不忘提一笔"东坡肘子"，追寻建文帝的下落时，也要记一记"武定壮鸡"的鲜嫩。在文学圈子里，他被誉为美食家，儿女们则认为父亲是杂食家，什么好吃的他都愿意看看、尝尝，比如内蒙古的生吃羊肉、云南傣族的苦肠——牛肠里没有完全消化的青草，他还在家里煮羊蹄、做爆肚。对来家的客人，也会精心烹制几样家常小菜，尽主人之谊。20世纪80年代末，一位法国汉学家来访，他款待了几道菜：盐水煮毛豆；清炒豆芽菜，配以青红椒丝；水饺，其中皮也是用捶烂了的猪肉制成……法国人印象深刻，认为这是在中国吃的最难忘的一次宴席。聂华苓夫妇来访，他则特意做了一道扬州菜煮干丝，客人吃得非常惬意，最后连盆里的一点汤汁都端起盆喝掉了。

这样一个趣味盎然的人，难怪聂华苓说，"老中青三代女人都喜欢你"。

为文之外，汪曾祺有三个爱好：写字、画画、做饭。他的画，是文人遣兴自娱，没有学院的来历，有点像他说父亲画画，只因喜欢，读的帖和画多，便自得其乐画起来。又因为见的山河少，经的世事平，于是他的画，不做大气象，文章是小品，画也如此。往往是酒酣时随意而为，寄一时起兴，一些身边物事，就进了画幅中。他的画是什么都能入的，除了花花草草，甚至一些"俗物"也在其中，比如倒悬开花的仙人掌，比如宣化火腿，比如几朵美味的青头菌和牛肝菌。他的画多在友朋中流传，因此画中物都是"你知我知"而已，在外人看来，未免有些怪异，他也不管，不求广而告之。而且，汪曾祺的画，少色彩，唯有墨色，浓淡几笔，却别有意味，甚至透出几缕禅机。

他还记名物。他写祖上曾藏有宋拓本《云麾将军碑》、一块蕉叶白砚石、三块田黄图章，其中的蕉叶白——

> 据父亲说是浅绿色的，难得的是叶脉纹理都是自然生成的，放在桌上，和一片芭蕉叶一模一样。这几件东西都是祖父从十八鹤来堂夏家的后人手里买下的。……蕉叶白本来在我的一个异母弟弟手里，不知道被他弄到哪里去了。

（《彩云聚散》）

这些祖辈心爱之物，到他写文章时，早已不知流往何处，唯在他的记忆里划下几道浅痕，淡淡说来，却是一派沧海桑田。

所以，汪曾祺是一位杂家。他是什么杂七杂八的事都有兴趣，民俗、民情、风物、市井人物在他最最兴味盎然，连古代女人搽脸用的粉以何物制成也去搜猎，笔下物事驳杂至极。从民间得到丰富的滋养，"民族的审美教育"，是他倚重并颇自得的。

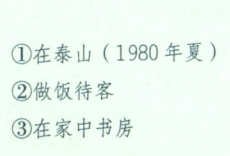

①在泰山（1980年夏）
②做饭待客
③在家中书房

①汪曾祺夫妇与挚友朱德熙
②在挚友朱德熙家中
站立者为朱德熙夫人,外国人
为美国汉学家

①汪曾祺夫妇在海南（1993年）
②与子女合影（1996年8月）
左起：儿子、孙女、外孙女、儿媳、长女
③与子女们在饭桌上聊天
右一：汪朗，右二：汪朝，左一：汪明
（1994年）

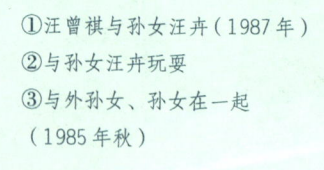

①汪曾祺与孙女汪卉(1987年)
②与孙女汪卉玩耍
③与外孙女、孙女在一起
 (1985年秋)

①与夫人在家中（1992年）
②在家中（1993年）

德熙：

来教病想尚未好，今寒伊大概又复发了，甚念，北京一阵血压高，近已平伏，过两天去参加作协代表大会，不敢发言，以免脑充血。

我近半月很少写东西，为《滇池》写了西昆……此册忆旧，《绝妙好词》与《昆明忆旧》……

昆明近了年想把评论集近来其名《昆明谈集》，即贺新年

雍

十二月卅日

与朱德熙书

九

风雅人写风雅事

汪曾祺（1994年初）

\*

\*

　　成名之后，汪曾祺有更多机会走出去。除了游历各地，还去香港、台湾访问讲学。1987年年初，汪曾祺入党。同年，他应邀前往美国爱荷华大学参加"国际写作计划"。汪曾祺晚年写的人物小品，尤其那些怀人的文章，写得极有情致，见性见情，友人熟人如此，即便一些特定时代的风云人物，在他笔下也恢复了一些真面貌，而少为"时言"左右。

　　与众不同的是，汪曾祺写人物，不写正史，写"野史"，笔下人物都是"活"在生活当中的。吴征镒本是研究植物的科学家，汪曾祺却写他"博雅"的一面。在西南联大时，吴先生是同期的常客。他唱老生，嗓子好，中气足，能把《弹词》的"九转货郎儿"一气唱到底，"苍劲饱满，富于感情"。而且，他还写诗，新旧诗都写。赵九章是地球物理专家，却擅书法。汪曾祺曾在一家裱画店见到一幅不大的银红蜡笺的单条，写的是秀雅流丽的文徵明体小楷，落款即"赵九章"，令汪曾祺感叹不已。

一些"风云人物",如"文革"时期的于会泳,汪曾祺实事求是讲了这个"帮凶"的一些好话,倒也别具一格。于会泳和"革命样板戏"密不可分,比如他总结出了创作"三突出"原则——在所有人物中突出正面人物,在正面人物中突出英雄人物,在英雄人物中突出主要英雄人物。但是,于会泳从一个文工团演奏员、音乐学院教研室主任,几年间升至文化部部长,汪曾祺认为"其人必有'过人'之处"。这"过人"之处,就是他对戏曲音乐唱腔的贡献,汪曾祺甚至说这贡献是"前无古人"的。于会泳搜集了大量地方戏和曲艺的音乐素材,将其与京剧的西皮、二黄融合起来,设计出的唱腔新鲜又不别扭,丰富了京剧的音乐语言。他还把西方歌剧用旋律塑造人物的方法借鉴到京剧《杜鹃山》柯湘的唱腔中,创造了一种新腔"二黄宽板",凸显人物性格,还好听。因此,汪曾祺说:"于会泳有罪,有错误,但是是个有才能的人。"

到了晚年,汪曾祺"从心所欲",更少有拘束。他有几篇谈样板戏的文章,其中就谈到了江青。在一些篇章中,本着还原历史真相的目的,他详细回忆了从《芦荡火种》到《沙家浜》的前前后后,以及改编小说《红岩》的来龙去脉,记述了江青和样板戏的关系与细节,江青的野心和霸道毕现。但是,汪曾祺对后来有人说江青"剽窃"样板戏,明确表示了反对——"江青对样板戏确实是'抓'了的,而且抓得很具体,从剧本、导演、唱腔、布景、服装,包括《红灯记》

铁梅的衣服上的补丁，《沙家浜》沙奶奶家门前的柳树，事无巨细，一抓到底，限期完成，不许搪塞"。他认为，从剧本方面来说，江青的有些指示还是有些道理的，比如"智斗"一场，江青提出要把胡传魁也拉进阿庆嫂和刁德一两人的矛盾中，不但可以展开三人的心理活动，舞台调度也能出新意。

知父莫如子。后来，汪曾祺的儿女回忆父亲时说："对于江青，他的看法比较复杂。一方面，对江青开口闭口'老子'如何如何的作风看不惯，觉得完全是一副上海滩'白相人面孔'；另一方面，觉得江青还是懂戏的，有些话能说到点子上。""我们相信，无论怎么说，'四人帮的死党'这份殊荣他也高攀不上。他对江青不过有一种文人的'知遇之恩'，觉得江青欣赏他，解放了他，就应该好好做事，尽己所能。"其实，这种心态很能代表中国普通知识分子和文人的总体状况，尤其汪曾祺身上传统习气浓郁，这也是必然。

他在京剧团待了半辈子，因为身在其中，对于那些梨园名角儿，说起来，都是有滋有味、情谊深长。关于裘盛戎——一位有才华有想法却经历坎坷的京剧艺人，汪曾祺就写了好几篇文章。在这些文章里，裘盛戎有天真的童心，虽然文化水平不高，但领悟快。他本是个有说有笑的人，爱逗个乐，到了"文革"中，被"控制使用"了。他爱演戏，却不让他演，从那时起，他少有笑容了，后来抑郁成病，壮年去世。在《名优之死》里，汪曾祺直言裘盛戎是"死于精神上的压抑"。

汪曾祺还谈梨园艺人的掌故逸事,比如《谭富英佚事》《名优逸事》等,极其有趣。谭富英有个"三不主义":不娶小,不收徒,不做官。他有意见不直接说,用别的法儿。有一次在哈尔滨演出,谭富英第二天唱重头,早早就睡了,年轻好玩的裘盛戎却约了一些人吃酒猜拳,弄得他很烦。于是,他来到院里唱了一句:"听谯楼打九更……"大家一愣,明白谭团长有意见了。有个演员练功不力,谭富英看了直摇头,演员说:"我老了,翻不动了。"谭富英说:"对,人生三十古来稀,你是老了。"

他写生活中的小人物,于简洁的白描和不动声色中,却古意盎然,具人生况味。比如《一辈古人》,说的是过去家乡人事。清代读书人除了读圣贤书,还要学佛习武,这是当时的风气,汪曾祺的祖父辈都练过拳脚。涉及武事,他就说到家乡一句俗语"打遍天下无敌手,谨防高邮靳德斋"。有一外地人不服,远道来找靳德斋比试,邻居说他去打酱油、醋了,此人即在茶馆等候。却见一人,一手端满满一碗酱油,一手端满满一碗醋,飞走而来,酱油、醋却纹丝不动。这就是靳德斋。外地人一见,当下就离开了高邮。还有那个替人拉皮条的薛大娘。在本地有很多谋生的外地人,有女佣人,也有一年只能回家一个月的店员学徒,于是薛大娘就帮这些人从中撮合。薛大娘是个健康、清爽、能干的人,她觉得这没有什么不好。她认为,一个有心，一个有意，她在当中不过搭把手，这有什么不对？末了，汪曾祺说："薛大娘的道德观和大户人家的太太小姐完全不同。"

汪曾祺还将早年记忆中一些出家人的行状记录笔下，比如《道士二题》《和尚》等。《和尚》写了三位和尚，其中的铁桥，是个不拘礼教规矩约束的出家人，也是汪曾祺父亲的朋友。当年汪菊生续娶，他写了一副极艳情的对联做贺礼。他在当地最大的寺庙善因寺做方丈，每天似乎就是画画、写字，他还有一个情人。后来土改时，善因寺庙产多，他就被当作大地主镇压了。再后来，汪曾祺返乡查县志时，却在水利卷中发现，铁桥曾主持修建了一条横贯东乡的水渠。这位铁桥和尚，也是汪曾祺小说《受戒》中石桥和尚的原型。他的此类文章，有对世事的洞见、生活的智慧，有人生况味，但点到为止，就像中国画里的空白，留下很多意味深长的东西，容读者自去回味。这和汪曾祺会作画写字大有关联。中国字画讲究留白，却能计白当黑，无声胜有声。因此，汪曾祺的小说是"通"的，曲、艺、画、花、鸟、食……一切养性的物事，都脉脉地流淌于字里行间。

当然，这样的来历并不一是一、二是二地条理清晰，而是千丝万缕地交错在一起。比如佛家的影响。直观地看，仿佛有些家学的渊源，比如祖父学佛，比如父亲与僧人为友。虽然没有确切的资料证明汪曾祺本人对佛学亦有兴趣，但家学必定会留下烙印。而间接的影响，则可以溯源于中国文化特别是传统书画中的佛道气质，尤其明清江南文人画中，枯淡寒远的气息分外浓厚。因此，那些说人说事类似于小品的文章，有节制，甚至不露声色，却每有禅意，直抵人生本质。

　　说到底，汪曾祺写风雅之人、物、事才好看。让他写劳动人民在新社会里的新生活，就别扭，他有几篇写于20世纪50年代的散文，便不堪卒读。环境是其一，个人的气质也有决定性作用。他曾在《平心静气》中说："……唯痛苦乃能产生真幽默。唯有幽默，才能对万事平心静气。平心静气，这是中国知识分子的缺点，也是优点。"他们对世事看淡了，看透了，对现实多多少少是疏离的。他也是。

①出国护照相片(1985年)
②与聂华苓及南美诗人在一起(1987年)
③在美国爱荷华聂华苓家,与香港女作家钟晓阳及南美诗人在一起(1987年)

在美国爱荷华笔会上唱戏（1987年）

①②在美国（1987年）

①在滇西湖上与青年朋友在一起(1990年4月)

左起:凌力、李林栋、汪曾祺、高洪波、陆星儿

②参观高邮王氏父子纪念馆(1991年)

①与河北作家铁凝（左）等人在一起（1992年）

②为电视纪录片《梦故乡》题写片名（1993年）

①与刘心武（左）、李锐（右）在台湾（1994年）
②与林斤澜在温州（1995年秋）

① 为台湾女作家李黎作画
② 与吴祖光在一起

①在家中作画
（1994年）
②在台湾访问讲学期间（1994年）

十

## "酒仙"终归去

汪曾祺

*

*

生活中的汪曾祺，若有因嗜而成瘾的东西，那就是酒了。他的儿女们回忆："妈妈高兴的时候，管爸叫'酒仙'，不高兴的时候，又变成了'酒鬼'。做酒仙时，散淡超脱，诗也溢彩，文也隽永，书也飘逸，画也飞扬；当酒鬼时，口吐狂言，歪倒醉卧，毫无风度。仙也好，鬼也罢，他这一辈子，说是在酒缸里'泡'过来的，真是不算夸张。"一次和女儿谈到生态平衡问题，汪曾祺戏言："如果让我戒了酒，就是破坏了我的生态平衡。那样活得再长，有什么意思！"

然而，长年累月与酒为伴，到了晚年，汪曾祺的酒精性肝炎发展成肝硬化。在医生的警告下，他改饮葡萄酒。不过，在家里有家人管着，出外参加活动就难免有些"小动作"。

1995年年底，汪曾祺的夫人、汪家的主心骨施松卿突然中风，出院后逐渐衰弱下来，后来便只能卧床，说些简单的句子，不再分担他的喜怒哀乐。汪曾祺的寂寞之感，像江南暑热雨后的蒸汽，愈来愈浓。

1996年12月前后,汪曾祺陷入《沙家浜》著作权的官司中。他已年届77岁,这件事对其精神和身体,不能说没有相当大的影响。

1997年1月,汪曾祺去云南,因旅途劳顿,眼底出血,卧床休息几天后才好转。4月底,他又应邀去四川参加笔会。回京后没几天,5月11日,他突然消化道大出血,被送进医院。他向家人承认,在四川喝了白酒,而且超了量。还在半年前,他的肝硬化导致了食道静脉曲张,医生说一旦破裂会很危险。5月16日,汪曾祺消化道再次大出血,与世长辞。

……

汪曾祺生前曾在多篇文章中试图梳理自己的思想轨迹。他认为,自己受儒家思想的影响较深。他自认是一个现实主义作家,是一个"中国式的抒情人道主义者",并多次阐述过相似的意思:"我希望我的作品能有益于世道人心,我希望使人的感情得到滋润,让人觉得生活是美好的,人,是美的,有诗意的。"因此,20世纪80年代,就有评论者认为,汪曾祺是"中国最后一位士大夫",是一位传统文化的守成者,是具有中庸思想的儒家知识分子。实际上,在汪曾祺身上,中国传统文化——儒释道的多方素养,是交融在一起的。

汪曾祺当然有隐遁的一面,在他的文章中,举凡人物、器物、植物,莫不透露一二非世俗的气息。他说他在日常生活中取"随遇而安",

在我理解，即传统士人在人生途中所取的一种态度，往往在不顺的境遇当中，与其和现实"较劲"，不如顺其势，以获得内心平衡。因此，他洒脱淡泊，他冷眼旁观，行文中有"历史的苍凉气"。也许正是汪曾祺在现实世界的不顺畅，反使其内在世界强大起来，生活中和文章中便都有那么一点"玩世不恭"（自语），在性情和趣味上寄托心志，并借此而旁敲侧击。这才是真正的才子气质、文人心曲吧。

然而，汪曾祺也有入世的时候，最突出者便是"文革"中的"样板戏时代"。那个时代倾向于个人对群体的"顺从"和"趋从"，后来，更被提到是否"要求进步"的高度。具体到汪曾祺个人，他必然是"要求进步"的；然而，因为知识分子的根性，他在"样板戏"上吃的苦头不少。

写作这本书的时候，我恰好读到美国人舒衡哲的著作《张申府访谈录》。张申府是中国共产党的创建人之一，是周恩来、朱德的入党介绍人。他曾留学法、德，大量研读西方哲学与政治著述，系统地将罗素介绍到中国。1925年，他脱党，后投身北平文化界救国会，创建民盟。1948年他发表《呼吁和平》，因与当时大势背道而驰，被逐出民盟。1949年后，他以研究员的身份在北京图书馆（现国家图书馆）默默度过后半生。外国人舒衡哲一直疑惑于张申府为什么念念不能忘情政治，在政治的沉浮中消磨了他的哲学家抱负，进而引申出一个问题——"为什么中国的知识分子老是被吸引到政治当中呢？"她向历史学家赵俪生请教。赵俪生引用一首五言"弃妇诗"，比拟中国知识分子的心理状态："死亦无别语，愿葬君家土。倘化断肠花，犹得生君家。"

后来，我又看到《南方人物周刊》对杜维明——第三代新儒家代表人物的一篇访谈，杜维明的一段话给我印象深刻。他说："所谓'儒家式的'就是入世的，现实的。不但关注自己的内心，也关注现实的改善。一个基督徒可以不关心政治，可以不参与社会，可以不顾及文化，只追求自我的修行，到达彼岸，超脱一切。但是儒家不可以。'儒家式的'一定是关切政治，参与社会，热心文化的。"

赵俪生的比拟不能完全化解我的疑问，杜维明的话却让我有豁然开朗之感。也许赵言是果，杜言才是因，杜维明说出了中国传统文化的精髓，也正是中国文人所一直秉持的思想脉络。

这样一来，也许就能解释汪曾祺为什么既能出世而又不能超脱于时政了。儒教他如何用世，佛道则教他如何在不得已中不至于消沉。虽然他主观上认为受儒家影响大于其他，然而客观上，佛道在他的人生和文章中，实际发挥了更大的作用。

1989年4月11日，《新民晚报》曾发表汪曾祺的一首四言诗《我为什么写作》，正所谓他的"夫子自道"——

  我事写作，原因无它：从小到大，数学不佳。考入大学,成天泡茶。读中文系,看书很杂。偶写诗文,幸蒙刊发。百无一用,乃成作家。弄笔半纪,今已华发。成就甚少,无可矜夸。有何思想?实近儒家。人道其理,抒情其华。有何风格?兼容并纳。不今不古,文俗则雅。与人无争,性情通达。如此而已,实在无啥。

行文至此,我突然意识到,汪曾祺那些幽默闲适洒脱的传世文章,谁能说不是源于对人生世相的深刻认识。然而一旦看到深处,在中国文化的背景下,便难免陷入虚无乃至绝望。可是,在他所接受的传统教育中,一个文人,对社会和人群要担当一定的责任,因此,文章必要有益于世道人心,给人以温暖和温情,以及向上的勇气与信心,而不是一味堕入黑暗。于是,在生命的后十几年里,汪曾祺将一派清凉洁净,奉献给他怀着诗意、暖意看待的芸芸众生……

①与家人在新居
（1996年）
②在家中
（1996年5月）
③在虎坊桥新居写作
（1996年7月）

①在家中（1996年）
②在虎坊桥新居书房（1996年）
③与邵燕祥在云南（1997年）

①为来访的记者写字（1997年5月11日）
②在书房（1997年5月11日）
当晚，汪曾祺消化道大出血，5日后不治，于5月16日去世。

子汪朗、女汪朝回故乡高邮,与亲戚们在汪曾祺故居前合影(2000年)

汪曾祺

与夫人在温州（1995年）

高邮汪曾祺文学馆内汪曾祺塑像

名人评述
汪曾祺

谈天说到高兴处

\*

\*

　　温暖,肯定是一种让人感动的文学品质。沈从文曾在创作谈中反复强调这种品质,汪曾祺也曾在创作谈中反复强调这种品质,这是面对苦难的一种方法。毕竟人是需要慰藉的,人在寒冷之中,你告诉他寒冷并没什么用,但如果给予一点温暖,还不至于让他冻死。宗教大体上也是这种态度,人都是要死的,但是宗教告诉你,人死了不要紧,还有天堂呢。所以,在我看来,温暖是接近于宗教的,是慈悲的,是一种智慧。

吴玄

　　永玉最后提到了曾祺。当年在上海,他和曾祺总是一起见访,一起小吃、吹牛,快活得很。他俩都是才人,所谈也都是妙事,不易忘记。曾祺到北京去了,通信渐疏。永玉也在北京，想来他们一定过从甚密。曾祺的小说集《羊舍的夜晚》还是永玉为他做了木刻插图。想不到十六七年间他们见面不多。想来曾祺别有一个过从的圈子，我总想他们的不常在一起，无论对曾祺还是永玉，都是一种绝大的损失。

黄裳

老实说，在1986年以前，我从不知汪曾祺擅长丹青，可见是何等的孤陋寡闻。原只知他不只写戏还能演戏，不只写小说、散文还善旧诗，是个多面手。20世纪40年代初，西南联大同学上演《家》。因为长兄钟辽扮演觉新，我去看过戏。有两个场面印象最深。……一是鸣凤鬼魂下场后，老更夫在昏暗的舞台中间敲响了锣，锣声和报着更次的喑哑声音回荡在剧场里，现在眼前还有那老更夫的模样，耳边还有那声音,涩涩的，很苦。

老更夫是汪曾祺扮演的。

宗璞

1983 年 4 月作

80年代初,《钟山》编辑部举办太湖笔会,从苏州乘船到无锡去。万顷碧浪,洗去了尘俗烦恼,大家都有些忘乎所以。我坐在船头上乘风破浪,十分得意,不断为眼前景色欢呼。汪兄突然递过来半张撕破的香烟盒纸,上写着一首诗:"壮游谁似冯宗璞,打伞遮阳过太湖。却看碧波千万顷,北归流入枕边书。"我曾要回赠一首,且有在船诸文友相助,乱了一番,终未得出究竟。而汪兄这首游戏之作,隔了五年,仍清晰地留在我记忆中。

宗璞

第二幅画也很快来了。这是一幅真正的赠给同行的画,红花怒放,下衬墨叶,紧靠叶下有字云:"人间存一角,聊放侧枝花。临风亦自得,不共赤城霞。"画中花叶与诗都在一侧,留有大片空白,空白上有烟灰留下的一个小洞。曾嘱裱工保留此洞,答称没有这样的技术。整个画面在临风自得的恬淡中,却有一种活泼的热烈气氛。父亲看不见画,听我念诗后,大为赞赏,说用王国维标准来说,这诗便是不隔。何谓不隔?

物与我浑然一体也。

宗璞

澄莱于1971年元月在寒冷的井中直落九泉之下,迄今不明原因。我曾为她写了一篇《水仙辞》的小文。现在,谁也不记得她了……汪兄却记得水仙花的譬喻,为她画一幅画,而且说来年水仙花发,还要写一篇。

以前常有性情中人的说法,现在久不见这词了。我常说的"没有真性情,写不出好文章"的大白话,也久不说了。性情中人不一定写文章,而写出好文章的,必有真性情。

汪曾祺的戏与诗,文与画,都隐着一段真性情。

宗璞

1943年秋,我离开昆明来美,八年以后才在北京重逢。虽说彼此都在一个城市工作,其实咫尺天涯,也难得见上一面。后来,我和曾祺都中了"阳谋",更是从此天各一方,一别就是"二十余年如一梦,此身虽在堪惊"。1980年再度北京重逢,彼此都到了花甲之年,开始体味"见一次少一次"的道理,便想方设法见见面,喝上两杯,天南地北神聊上半天,但毕竟还是离多会少,无可奈何。

于是,我要曾祺给我画一张画,挂在家徒四壁的屋里,这样就可以每天见画如见人了。他的名篇《昆明的雨》是从这张画说起的。

巫宁坤

1994年冬春之间,我在香港中文大学作客,客中寂寥,十分想念都中故人,给曾祺写了封信,久未得复。我俩当时都已"过了七十",我下意识中可能也嘀咕"什么意外都可能发生",便给南京的一位作家朋友写了封信查询。朋友回信说:"汪曾祺现在大红大紫,要出全集,哪有工夫为你浪费笔墨。"我难以置信,4月下旬又给曾祺一信,探听究竟。并说,他给我画的昆明风情留在北京家中,客中孤寂,可否请他再给我画张画,写几个字来,以慰相思。5月12日接来信,拆开一看,竟是我12月15日原信,连信封和附件在内,并无他本人只字,深以为怪。次日,得5月6日信,挂号，附字画各一件，大喜。信上说："4月25日信收到，前来信，因为把你的地址搞丢了（我这人书信、稿件向来乱塞），故未复，与'大红大紫'无关也。"我眼前出现了他北京蒲黄榆家中那张小书桌，上面堆满了文稿、书信、字画，如见故人。

巫宁坤

曾祺对政治并无兴致，却一再被莫名其妙地卷入政治的旋涡。一个"先天下之忧而忧"的人文天才，他的心是脆的，身经数十年家国之痛，无论他多么宁静淡泊，他的灵魂能够不泣血吗？他语重心长地留下一句话："为政临民者，可不慎乎？"言犹在耳，宛如春潮，他已经走了七年了。

巫宁坤

1936年春，我在扬州中学读完高一，到镇江参加集中军训，和镇江中学的汪曾祺、苏州中学的赵全章编在同一个中队。三人同年，都是十六岁，三个月同吃、同住、同操练，简直比亲兄弟还亲。三年以后，三人都当上了流亡学生，竟又都考上昆明西南联大，全章和我读外语系，曾祺读中文系。三人同住大西门外新校舍一栋宿舍，碰巧三人又都爱好文艺，"臭气相投"，朝夕过从。

巫宁坤

历史好像有意要保藏他那份小说创作的才华，免遭多年来"写中心""赶任务"的污染，有意为80年代的小说界"储备"了一支由40年代文学传统培养出来的笔。

黄子平

接触之中，我觉得最有趣的莫过于见到汪老"笑"。他把头歪过一边去，缩起脖子，一只手半掩着嘴，就这样"偷偷地"笑。那模样，直叫人想起京剧《西游记》里的美猴王，当捉弄整治猪八戒得逞之后，闪在一边得意扬扬，乐不可支，愈想愈开心。

汪老如此陶醉的情景并非时时可见，只有他在谈到某些有趣非常或值得玩味的事儿才露出来。看到那种从心底由衷发出的笑,你也会被感染得快活起来。

舒非(香港)

据说在爱荷华作家交流座谈会上,汪老觉得讲多了创作经验没啥意思,灵机一动,忽然取出他自己画的中国画作品(带到美国送给陈若曦的),那幅画很简单,只在角落里画一枝梅花,题了款,其他皆空白。汪老讲演的题目便临时改成"中国画空白与小说的关系"。到会的听众当然欢迎,因为它是一个不容易听到的、很富中国美学意义的题目,但翻译却目瞪口呆,说不出话来。汪老提到此情景,便觉得好笑,像小学生干了什么恶作剧的事一般。

舒非(香港)

我很喜欢读汪曾祺同志的作品……读了《大淖记事》这样的作品,使人仿佛漫步在春天的原野上,嗅到一阵阵清新温馨的花香。

杨沫

1983 年 4 月作

寒雨连江夜入吴，平明送客楚山孤。洛阳亲友如相问，一片冰心在玉壶。

甲子年十一月 汪曾祺

1984年11月作

人们对曾祺与酒的关系说法颇多，认为连他的飞升也是凭借酒力，怀疑他不久前参加五粮液酒厂的笔会有不利作用。对此我持否定态度。曾祺嗜酒，但不酗酒。四十余年共饮，没见他喝醉过。斤澜有过走路撞在树上的勇敢，我有躺在地上不肯起来的谦虚，曾祺顶多舌头硬点，从没有过失态。他喜欢边饮边聊，但反对闹酒。如果有人强行敬酒、闹酒，他宁可不喝。我跟他一块参加宴会，总要悄声嘱咐东道主，只把一瓶好酒放在他面前就行，不要敬也不必劝，更不必替他斟酒。大家假装看不见他，他喝得最舒服，最尽兴。

邓友梅

　　"文化大革命"后期，我提前退休，斤澜被分配在电影院领座，长期休病假。我俩有了闲空，曾祺却忙得邪乎，打电话总找不着人。有天终于在电话中听到了他的声音，就约好时间去看他。他非常高兴，认真做了准备，把这些年练的绝活都亮了一下，嫂夫人和孩子不在家，我们三人冷热荤素竟摆满一桌子。鸡粽，鳗鱼，酿豆腐，涨蛋……虽说不上山珍海味，却也都非平常口味。我在底下改造得太艰苦了,酒又喝多了一点,一时大意把好大一个肘子吃下去四分之三。从此每逢我到他家吃饭,他都预备肘子,而且一定放在我面前。

邓友梅


我想他的画大概跟烹调一样也自学成才。中国书画同源,他有书法底子,看过《芥子园画谱》之类的书,又有传统文人气质,练起画来顺理成章,而且还确有独创之处。十几年前,我有天收到个大信封,一看地址是他寄来的。赶紧打开看。里边是一幅画,画的铁干梅花。树干树枝都是墨染,梅花是白色。是所谓"蜡梅"。画中夹着个字条,上边说:"你结婚大喜我没送礼,送别的难免俗,乱涂一画权作为贺礼。画虽不好,用料却奇特。你猜猜这梅花是用什么颜料点的?猜对了我请吃冰糖肘子……"我跟舞燕猜了两月硬没猜出来。有天开会见到曾祺。我说:"我们猜到今天也没猜出来。肘子不吃了。告诉我那梅花用的什么颜料吧!"

他冲我龇牙一笑,说:"牙膏!"

邓友梅

1983年12月作

吾鄉隱坡皆者，有雙耳匋壹出土，鄉人稱之為韓瓶，語云韓世忠土卒所用水壺。以浮梅花而以詒子玉禎。一九八九年十月偶寫。

1989年10月作

我早知道他毛笔字写得不错。当年《说说唱唱》印信封信纸，刊名和地址用手写体，都是汪曾祺起稿。他挺爱干这件事。颜体、欧体、柳体三种各写一张，楷书、行书各写一行，请全编辑部民主挑选。人们评头论足，叫好的人不少，但没人因此称他书法家，更没人求他的字。不是那时写得不如后来好，而是那年头写好字不稀奇。

邓友梅

　　从感情上说，我倒觉得他临离开这个世界前，兴致极好地喝两杯未必是坏事。若在告别人生之前，连回味一下酒趣也没办到，反倒大小是个遗憾。

　　曾祺曾给我和朋友们讲过一件趣事：京剧团有个老演员参加体检。医生看了他的各项化验后说："您的身体不错。可是不能再抽烟喝酒了。只要你下决心马上戒烟断酒，再活二十年没问题！"老演员说："不抽烟不喝酒了，那活着还有什么意思？"在潜意识里，曾祺可能是欣赏这位演员的烟酒观的。

邓友梅

汪曾祺近年来被人们称为"美食家"，我很高兴，也为斤澜抱不平。50年代斤澜的烹调不在曾祺之下，他做的温州菜"敲鱼"在北京文化界独此一家。他家吃菜品种也多样。曾祺桌上经常只有一荤一素。喝酒再外加一盘花生米。

我倒是常看到曾祺做菜。那时他一家三四口只住一间屋。有个煤球炉子，冬天放屋里，夏天放门外。赶上做饭时间到他家串门，汪曾祺准在围着炉子忙活。50年代曾祺做菜还不出名，做的品种也不多。除去夏天拌黄瓜，冬天拌白菜，拿手菜常做的就是"煮干丝"和"酱豆腐肉"。

邓友梅

从60年代初算起，汪曾祺在京剧界干了三十多年，使他对京剧由爱好变成里手。多年在梨园行浸泡，使他性格上起了微妙的变化。以前他也说笑话，但比较文雅而含蓄，从不手舞足蹈。近年开朗了许多，说话增加了梨园界的机智、幽默和俏皮。举手抬足模仿舞台动作还蛮像样儿。……他对京剧创作确实也有了感情。新时期以后他继续写过几个剧本,但再没有样板戏那样健的锋头。他很下功夫写的《裘盛戎》,也只演一两场。我怕他伤心,主动拿到香港,在《大成》杂志发表,却在海外引起反响。

邓友梅

有《受戒》这件趣闻提醒,朋友们认为他既然以写小说为主,就不必再占剧团的编制,建议把他调到文联当专业作家。领导也表示同意了,没想到他却拒绝。他说跟京剧院有感情,力所能及还愿为京剧服务。这样直到去世,他再也没离开京剧团。

邓友梅

说汪曾祺与孙犁相近,主要有两个方面:其一,两人都以故乡作为终生的写作母题;其二,深受传统哲学文化的影响。汪曾祺和孙犁都十分关怀故乡人物的命运,喜爱故乡的风俗,描述过不少故乡的山水草木和瓜果菜蔬之类;由于江南特殊的人文地理关系,汪曾祺关于地方小吃写得特别多。这些都容易叫人想起齐白石老人画的白菜、南瓜种种，有一种泥土的清香。关于人物，汪曾祺尤其看重人性，看重民间"情义"，如小说《受戒》写爱情，散文《岁寒三友》写朋友，都着力于美好的内心世界的发掘。因为所写不是现实中的乡土，所以缺少那种血性的涌动，记忆使它理想化了，苦难在审美的观照中变得光洁起来。

林贤治

但是，东方式的哲学—美学观念，在苦难的现实中常常流为麻醉品。就说汪曾祺，当他对小人物的悲剧命运作契诃夫式的刻画时，就因为过于注重美感的捕捉、暖色的渲染、民俗风情的工笔描画，以及笔记式的叙述，在艺术效果上，就容易变得散漫、轻浅、琐碎，缺乏思想的深度。他承认没有太多的失落感、孤独感、荒谬感、绝望感，写不出卡夫卡的《变形记》那样痛苦的作品，就是因为深潜在血统中的"乐天"的、"中和"的思想的作用。

林贤治

1984年5月作

汪曾祺自称是一个"中国式的人道主义者"。他解释说："我的人道主义不带任何理论色彩，很朴素，就是对人的关心，对人的尊重和欣赏。"但是，他的人道主义不是源自法国大革命的那种欧洲近代思想，而是从传统文化内部，主要是儒家思想中寻找精神资源。他认为，"孔子是个很有人情的人"，"儒家是讲人情的，是一种富于人情味的思想"。"仁"的思想，"温柔敦厚"的诗教，从小给他以熏陶，以至于到了后来堕入逆境之中，犹能感受生活的快乐，不至于丧失对生活的爱，追求情趣，追求美与和谐。他总是用他充满温情的眼睛看人，发现普通人身上的诗意的光辉，笔下的小百姓，没有一个是作为坏人活着的。在"革命"中丧失的人性，在文学中获得了复活——这就是汪曾祺的意义。

林贤治

我们在读汪曾祺那满溢地方风味、浓郁人性色彩、氛围和谐宁静的小说时，会产生进入桃源之乡的超脱感。在他的小说里，有我们所憧憬的那种没有伦理纲常，没有世俗偏见，没有奴役冷酷，没有明争暗斗的理想境界。然而，当我们从他的小说世界走出来，回到现实生活中时，却不能不感到有一种失落的情绪……

杨品、王君

汪是一文狐，修炼成老精。

贾平凹

汪曾祺的作品，在当今众多的作家中别出一格。他属于"五四文风"。不是五四时代的人，而秉赋"五四文风"者，实为少见。这就使得汪曾祺具有某种不是出土文物，而是传世文物的价值。

艾煊

在当代作家中，我最爱读汪曾祺的小说。他的小说（包括他的散文）可以称为"文化小说"，字里行间有书香味儿，有江南的泥土芳香。你总觉得他的小说是用毛笔写的，而且是竖写的，写在毛边纸上的。他有时善于说故事，看得你入神，有时又善于营造气氛，使你身临其境。他重视文字，精于遣词造句，但写出来又是大白话，毫无斧凿痕，亲切得使你想拥抱它。读完他的小说之后，好像作者还在轻轻对你说："谢谢收看。"1985年我有幸与汪曾祺一同访问香港，他貌不惊人，朴实得像旧书店的老营业员，但一开口就是文化。文如其人，他的小说就像他人那样不骄矜，不卖弄，有风韵，有品位。

沙叶新

汪曾祺的小说中其实也隐隐带着秦少游的流风遗韵。有的研究者已经指出《寂寞与温暖》中那位女主人公沈沅，就是汪曾祺被错划成右派后的自画像。他何以要把自己假定为一个温柔娴雅的女性形象呢？这就不得不追溯到"小雅之遗意"了——中国士人失意后一贯喜欢把自己打扮成弃妇孤女的。秦少游如此，汪曾祺也如此。

胡河清

……汪曾祺可谓是一个典型的汉文化中心地域中

产生出来的中国传统知识分子。他对中国的历史文化，有着相当深刻的认同感。而他的小说中反映的一系列生存策略，折射出了文化传统对于中国知识分子强大的心理规范力量。

胡河清

有人说，汪曾祺属于京派作家，总的说来是不错的。他有着高邮古老文化学术传统的底子，后来又在西南联大这个京派文化人的大本营接受过正规训练，新中国成立后一直在北京生活，可说是深得古都灵气的人。但较之京派前辈如辜鸿铭、王国维、陈寅恪等老先生，汪曾祺对于"道统"的信念是淡薄了不少。

汪曾祺并不希望封建专制主义的幽灵重返，却想让古典趣味的中国文人的艺术化人生能够继续下去。他理想中的中国文化，已经是一种非意识形态化的唯美主义意境。

胡河清

不知汪曾祺自己是否觉察，他的写作在"轻松玩世"的语言背后，总透出一股历史的苍凉气。即使回忆一味野菜，一种普通的吃食，往往也会流露叫人"忘不了的那种难遇的凄凉"之意，何况写故人往事、"方言巷咏"，则多含有不胜沧桑的感慨。谐谑与苍凉，原要结缡而行。没有苍凉气的谐谑，大约不是失之庸浅，就会失之怪戾。而苍凉之于汪曾祺，是一种空廓的人生映象。

费振钟

沉湎于吃食文化中的汪曾祺，实际在他的意识中，主要是向着传统生活的方面去发现和把握自己的诗意人生的。他的灵敏的"舌头"，并非对什么都敏感。直越千年之久的历史，他之所以能够那么微妙地从宋朝人的吃喝里，辨析出它的"简单清淡"的味道，是因为这一传统的生活样式与他个人理想境界是协和一致的。

费振钟

童稚도手研洮
老眼添餬有秦
刀晚歲漸形约
律細摹古時~
七新意二秦六
溪六文何方寸肯
田父天地大巧著
壮見精神自古
金石能壽人
鲩眠治印自戱一
古寿故宿墙蕭
有之承南方均是
佳號作短歌為證

一九八六年十月 啓禧

如篆刻印章渭銹深例
高懸口華山
如書非浮泥
言放筆揮刀
筆鋒電閃
毛木芳紮橫
銅刀走鏽銅生
綠 十年大亂筆
苟全 誰當商
量否蒼穹即
下字内邪平日
萬年豪氣永
能過非造迹

1986年10月作

頓覺眼去坐意滿 須知世上苦人多

宋儒長人道言叢書者有

1996年冬作

萬古靈光一朝風月

1996年初冬作

汪曾祺身上既显示了儒家文化中原始朴素的人道主义内容,又带有相当鲜明的庄禅文化人格独立、精神自由的色彩。作为一位20世纪末深得"中和"神韵的"知"者,汪曾祺用他习惯的平淡笔墨,替自己画了一个优雅的光环,一个古典理想主义的光环。他就这样,成了当代罕有比者的"闲适诗人"。

费振钟

汪先生写小说产量不高,好像一直写写扔扔。文坛中对他评价:一个性情中人,凡事只凭兴趣。他自己说,他什么事都没打算要怎么样,没打算怎么样,就高兴做,不高兴不做,高兴做成什么样就做成什么样。

朱伟

我与汪先生至今最难忘的一次经历是一起去寻找太平湖老舍先生在"文革"中投湖的遗址。那是1986年,汪先生给我一篇写老舍投湖的小说《八月骄阳》,小说结尾是关于"士可杀不可辱"的感叹。说起对老舍死的那一夜的推断,他的眼睛里闪出的不是他这个年纪的比较脆弱的感情,他说他想凭记忆去找找已经早被填平的太平湖。《人民文学》当时的司机杨师傅开车,我们先从三环路北太平庄与马甸桥之间的一条小路往南,一直转到小西天,在两条路上来回找了两圈,他始终迷惘地摇着头。最后,他充满感情地说:"老舍家的芥末墩是我吃过的最有味道的芥末墩。"

朱伟

在我与汪先生的接触中,感觉他并不是常人所说的那种超脱,其实中国知识分子有几个能真正超脱呢?他所感动我的是一生都在自己的性情之中,不太顾忌别的。他自己说:"我也就是一个小品作家,写不出大文章,永远也就是边角料。"这话里多少有一点失落。他这辈子最长的文字也就一万多字,所有作品加起来可能都不足百万字。尽管这些文字的味道正越来越被更多人发现,但它在书架上确实永远都不是主角。

朱伟

汪先生这一生不跟自己也不跟别人计较，因此活得不累。他肝不好，但天天馋酒，老伴看得严，但他还是偷喝，被发现了就像孩子般天真地笑。我在他家看到过几次他对老伴那样地笑，笑得那样年轻。他最后离去其实也还是因为酒……因好酒而离去，也不能算遗憾，想干什么就干什么，活一天就高兴一天，他最后离去时据说并没有经历痛苦。

朱伟

感谢汪朝女士为本书提供图片；
感谢评述汪曾祺的原作者。

# 汪曾祺大事记
（1920—1997）

汪曾祺

\*

\*

**1920 年**

3月5日（农历正月十五元宵节），出生于江苏高邮一个旧式地主家庭。

**1923 年**

生母杨氏因肺病去世。

**1925 年**

入县立第五小学幼稚园；第一位继母张氏入汪家。

**1926 年**

秋，入县立第五小学读书，接受正规的学校教育。

**1932 年**

夏，小学毕业；秋，考入高邮县初级中学读书。

**1935 年**

夏，初中毕业；秋，考入江阴县南菁中学读高中。

**1936 年**

第一位继母张氏因肺病去世。

**1937 年**

为避日祸，离开南菁中学，辗转借读于淮安中学、私立扬州中学和盐城临时中学，并随父前往高邮旁一个村庄的小庵中住半年；7月，第二位继母任氏入汪家；8月，祖父去世。

**1939 年**

夏，从上海经香港、越南到昆明，考入西南联大中文系。

**1940 年**

正式拜见沈从文先生；写了第一篇小说《灯下》，后在沈先生指导下几经修改，是为《异秉》。

**1941 年**

与同学创办校刊《文聚》杂志，在其上发表诗歌、小说。

### 1943 年
本应大学毕业,但因体育、英语不过关,又补学一年。

### 1944 年
因故大学肄业;为生活计,在昆明北郊观音寺一联大同学创办的"中国建设学校"任教。

### 1945 年
"中国建设学校"迁往白马庙;创作小说《小学校的钟声》《复仇》,经沈从文推荐,在上海《文艺复兴》杂志发表;此外,又创作小说《职业》《落魄》《老鲁》等;与同在学校任教的施松卿相识。

### 1946 年
秋,由昆明去上海,经李健吾介绍,在民办致远中学任教两年,创作小说《鸡鸭名家》《戴车匠》等。

### 1948 年
离开上海前往北平与施松卿会合;半年后在北平

历史博物馆找到工作。

**1949 年**

3月,报名参加四野南下工作团;4月,第一部小说集《邂逅集》在巴金主持的文化生活出版社出版;5月,与施松卿结婚,然后南下至武汉,在第二女子中学任副教导主任。

**1950 年**

回京,任北京市文联《北京文艺》编辑。

**1954 年**

创作京剧剧本《范进中举》;秋,调入中国民间文艺研究会任《民间文学》编辑。

**1957 年**

因就单位人事提了一些看法,反右时受到批评,但未被定为右派。

**1958 年**

夏,被错划为右派;秋,下放张家口沙岭子农业科学研究所劳动。

**1959 年**

父亲去世。

**1960 年**

被摘掉右派分子帽子,结束劳动,因北京无接收单位,暂留农科所协助工作。

**1961 年**

春,前往沽源马铃薯研究站画马铃薯图谱;冬,创作小说《羊舍一夕》,后在《人民文学》发表;年底,调入北京京剧团任编剧。

**1963 年**

第二部作品集《羊舍的夜晚》由中国少年儿童出版社出版。

**1964 年**

改编沪剧《芦荡火种》为现代京剧。

**1966—1976 年**

"文革"期间,参与《沙家浜》等样板戏的改编。

**1977 年**

"文革"结束,因样板戏和"四人帮"的关系,受到审查;发表民间文学论文《"花儿"的格律》。

**1979 年**

小说《骑兵列传》在《人民文学》发表。

**1980 年**

小说《受戒》在《北京文学》发表,引起关注,并获 1980 年度"北京文学奖"。

**1981 年**

小说《异秉》《大淖记事》《岁寒三友》等发表;10 月,应高邮县人民政府邀请,回到故乡。

**1982 年**

创作了大量作品,有《王四海的黄昏》《故里杂记》《鉴赏家》《晚饭花》等,其中,《汪曾祺短篇小说选》由北京出版社出版。

**1983 年**

创作更趋活跃,小说《八千岁》《故里三陈》等发表。

**1984 年**

发表小说《金冬心》、散文《沈从文的寂寞》等。

**1985 年**

在中国作家协会第四届全国代表大会上当选为理事;小说集《晚饭花集》由人民文学出版社出版;创作剧本《裘盛戎》;随中国作家代表团访问香港。

**1986 年**

散文《故乡的食物》、小说《故人往事》《桥边小说三篇》等发表;秋,回故乡高邮。

**1987 年**

入党;4 月,赴云南访问;《汪曾祺自选集》由漓江出版社出版;10 月,应安格尔和聂华苓夫妇之邀,赴美国参加"国际写作计划"。

**1988 年**

文论集《晚翠文谈》由浙江文艺出版社出版。

**1989 年**

《蒲桥集》由作家出版社出版;小说集《受戒》法文版由《中国文学》杂志社出版。

**1990 年**

英文版《晚饭后的故事》由《中国文学》杂志社出版。

**1991 年**

《蒲桥集》由作家出版社再版;《汪曾祺自选集》由漓江出版社再版;在《作家》杂志社发表《我的家乡》。

**1992 年**

散文集《旅食集》由广东旅游出版社出版;《汪曾祺小品》由中国人民大学出版社出版;《中国当代作家选集丛书·汪曾祺》由人民文学出版社出版;开始撰写自传体系列散文《逝水》。

**1993 年**

小说集《菰蒲深处》由浙江文艺出版社出版;《汪曾祺散文随笔选集》由沈阳出版社出版;散文随笔集《榆树村杂记》由中国华侨出版社出版;《草花集》由成都出版社出版;《汪曾祺文集》由江苏文艺出版社出版;散文集《塔上随笔》由群众出版社出版;《老学闲抄》由陕西人民出版社出版。

**1994 年**

《异秉——汪曾祺人生小说选》由甘肃文化出版社出版。

**1995 年**

应台湾《联合时报》邀请，赴台参加"两岸三边文学问题座谈会"。

**1996 年**

散文集《五味集》由台湾幼狮文化事业公司出版；小说集《矮纸集》由长江文艺出版社出版；散文集《逝水》由中国青年出版社出版；在中国作家协会第五次全国代表大会上被选为顾问。

**1997 年**

5 月 16 日，因肝硬化引起的食道静脉曲张造成弥漫性出血，医治无效去世，终年 77 岁。新华社分别于 20 日、28 日发布其逝世和追悼会的消息。